保護者のてびき⑤

子どもの帝王学

~我が子に伝える63のメッセージ~

日本学習図書
代表取締役社長
後藤耕一朗

まえがき ～昭和から平成へ、平成から令和へ～

本書を執筆している今、世の中は新型コロナウイルスの影響で大変な状況になっています。今回、本書を執筆するにあたり、自分の子育てを振り返ってみました。そうすると、改元と人生の節目が一致していることに気が付きました。

昭和から平成になった年、私は高校三年生でした。ですから、高校の卒業証書には平成元年と書かれてあります。平成の幕開けとともに、自分の世界が一気に広がった気がしました。

そして、平成から令和になった年、我が家にも大きな変化がありました。

長男は大学を卒業して社会人になり、次男は大学進学にともなって家を出ました。そして三男は大学受験を迎えたのです。

こういった人生の節目と改元の重なりを感じつつ、自分の子育てについて振り返ってみました。

この原稿を書いているのは令和二年です。

三男が大学生になったことで、ある意味、子育ては一段落したと思っています。これからは教えるというよりも、困った時のアドバイザーとして、子どもたちのそばで見守ることになっていくことでしょう。

ところで、長男の誕生から三男の大学進学までの二十四年間の子育てを振り返っての感想は、

「あっという間だった」

「楽しかった」

という二つです。

平成八年六月三〇日に長男が産まれました。その時、私は二十六歳です。分娩室の外の廊下で親族とともに、今か今かと誕生を待ちわびていました。

そして聞こえてきた産声。「オギャー、オギャー」というこれからたくさん聞くことになる子どもの泣き声。しかし、この第一声にはとてつもない影響力がありました。

私は、心の底からこみ上げてくる感情を抑えることができず、とめどなく涙があふれてきました。この出来事が、私の人生観を一変させました。

私の二十六年間って何だったのだろう。

たった一声。産まれたばかりの長男の第一声が、私の二十六年間積み上げてきた価値観を変えたのです。それが、「親になる」ということなのですね。

それにしても、女性はすごいと思います。自分の命をかけて子どもを宿し、この世の中に誕生させるのですから。

この思いは、きっと皆さんも同じだと思います。

そして、この時の思いは、ずっと忘れてはいけないものだと思います。

子育てをしていると、本当にいろいろなことが起きます。そんな時、子どもの拠り所となったのは家族であり、私たち親だったと思います。

悩んだ時は、子どもが産まれた時の気持ちを思い出しました。

親として三人の子どもを育ててきましたが、私たち夫婦も「子どもに育てられた」と思うことがあります。子どもがいなかったら、今のようにはなっていなかったかもしれません。こうして皆さんにいろいろなことをお伝えできるのも、子どものおかげなのでしょう。

子育てをする上で、子どもに伝えてきたこと、私が心がけてきたことがあります。

「感謝」

「笑顔」

この二つは、小さな頃から言い続けてきています。

少し変わった子育てかもしれませんが、何かの参考にしていただけたらと思います。

例えば、三男は末っ子ですから、スポーツや勉強で兄たちに負けることがあり、それが不満につながることもありました。そんな時は、決まって「弟が欲しい」と言うのです。

そうすると、喜んで私が「四男」になるのです。

そして、「お兄ちゃんでしょう」「お兄ちゃんなんだから」と言いながら、三男に甘えます。

彼は「兄」の立場を経験してはじめて、兄たちは兄たちで我慢していることがあることを知ったのです。逆に長男には、私が「兄」になって、上から押さえつけられる立場を経験させたりもしました。

子どもは経験が少ないので、口で言ってもその真意をほとんど理解してくれません。むしろ、「百聞は一見にしかず」で、体験を理解につなげた方がよいのです。

本書は、このような三人の子どもを育ててきたエピソードを交えつつ、子育ての経験とこの仕事を通して得た知識を活かして構成しました。

ありきたりの子育て本ではありません。私自身が、子どもらしく、思いやりを持った子どもに育ってほしいと、我が子を育てる時に思い描いていたことを柱に、おこがましいですが、皆さんのお子さまの「親になったつもり」で書いていきます。

本書が皆さんの子育ての一助になれば幸いです。

保護者のてびき⑤

子どもの帝王学～我が子に伝える63のメッセージ～

目次 8

第一章
保護者の心構え

子どもの帝王学とは

リーダーとして身に付けなければならない知識の一つに、「帝王学」というものがあります。これは学問として教科書があるわけではなく、上に立つものの心得として修得しておくべき知識です。

この「帝王学」のもとになっているのは、唐朝の第二代皇帝太宗《たいそう》と仕えていた高官との言行録「貞観政要《じょうがんせいよう》」と言われています。

これを皆さんに説こうというのではありません。

ただ、ほかの人を思いやれる人間の周りにいると、こちらも自然と心が温かくなったという経験はありませんか。

では、我が子をそのような人間にするためには何が必要なのか。どのような教育をしていけばよいのでしょうか。

そのヒントが、「貞観政要」に書かれているのです。

その考え方を学びつつ、我が家の子育てのエピソードや失敗談などを交えてお話ししていこうと思っています。

本書を執筆するために構想を練っている時、人間力を高めるためには、特別なことではなく、当たり前のことがいかに大切かを再認識しました。

言い換えれば、それだけ現代人は、他人に無関心になっているということです。人に無関心では心豊かにはなれません。そして、一人でできることは限られています。多くのことは、たくさんの人と関わり、協力して大事を成し遂げられるのです。子どもの人格形成も、人とのつながりを無視してはできません。

子どもの帝王学を学ぶにあたり、

・人に関心を持つ。
・感謝の心を忘れない。
・強い意志を持つ。
・笑顔。

といった柱になるものがあります。

本書に書かれた多くのことは、この観点でエピソードをつづったものです。

最後にもう一つ。子育てで失敗はしていいんです。私も数え切れないぐらいの失敗をしているので安心してください。

帝王学教育を行う前に

帝王学を学ぶ前に、子どもが帝王学を学べる環境が必要です。

帝王学のもとになっているのが、太宗の言行録であることは紹介しましたが、彼は良政をもって唐を治めました。しかし、太宗が一人ですべて行ったのではなく、彼が良政を行うために諫言《かんげん》をした家臣がいたことを忘れてはいけません。

子どもがさまざまなことを学ぶ時、そこには保護者がいます。

子どもにとっては「師」にあたる保護者の質が、子どもに大きな影響を及ぼすことはわかっていると思います。その中で、言うべきことをしっかりと言えているかどうかは、その一つの目安になります。

「こんなことを言ったらかわいそう」「ここまで言わなくても」「今回はいいか」など、子どもに言わなければいけない状況にも関わらず、ごまかすことはしていないでしょうか。もちろん、相手は幼児ですから、指導する前に実行できる環境が整っているのかどうかは考えなければなりませんが。

「お子さまとの信頼関係ができているか」「保護者自身の規範意識はあるか」といっ

たことを、まず自分自身で考えてましょう。自分が実行できていないのに、子どもにばかり求めたのでは、説得力がありません。子どもはその様子をまねて、口だけは立派なことを言うようになってしまいます。

子どもを指導していくにあたり、まずは、自分自身がどうであるかをチェックする必要があるということです。

こう書くと、とてつもなく面倒なことなのではないかと思うかもしれませんが、そんなに構える必要はありません。

相手は自分の子どもなのです。

「当たり前のことを当たり前にすること」を基本として接すれば、たいていのことはうまくいきます。

もっとも、「当たり前のことを当たり前に」が大人にとってネックなのですが……。

「まあいいか」が通じなくなるのです。

子どもの将来を思うなら、しっかりとした信念を持つことがとても大切です。その思いの強さによって、子どもの将来が決まるのです。そう思えば、「まあいいか」をあらためようと思いませんか。

例えば、電車の座席で子どもが窓の外を見ている時、窓の方を向いている子どもの靴はどうなっていますか。

そのままでは、前に立っている人や隣に座っている人の服を汚してしまうかもしれません。

そうしたことを考えて、「靴を脱いで外を見るようにする」「脱いだ靴がどうなっているか意識をする」「隣の人にぶつからないよう、保護者の方に少し寄って外を見るようにする」といった配慮ができることを目指します。

昔の保護者の多くは、こうしたことにも配慮していました。

今ではあまり使わなくなった言葉かもしれませんが、「お互い様」というキーワードを覚えておいてください。この感覚が身に付いていると大半のことは軽く受け流すことができますし、大らかな子どもを育てることができます。

私自身が子育てをする時、心がけていたことが、このほかにいくつかあります。

- 形あるものはいつかは壊れる。
- 活きた時間にしよう。
- 感謝の気持ちを伝える。
- お母さんは弱いと教える。

などです。

また、賛否両論はあると思いますが、我が家では「身内の死」にあえて向き合わせました。

そのあたりのことは、おいおい触れていきます。

さて、話は変わるのですが、日本には「江戸しぐさ」という文化が存在していました。ご存じの方もいると思いますが、江戸時代に、町民がよりよい生活を送るための行動のルールを定めたもので、年齢によって身に付ける内容が高度なものになっていきます。当然、年齢なりにできなければ「その歳になってそんなこともできないのかい」などと言われたことでしょう。

しかも、この「江戸しぐさ」は口伝で、教科書のようなものはありません。年長者が生活の場で教えていたことなのです。

「江戸しぐさ」にも「お互い様」が根底にあります。人々がお互いよりよい生活を送るための「配慮」を求めて形作られていったのです。

現代社会においては、「自分さえよければ」と考える大人を多く見かけます。我が子が、そうした自己中心的な大人になってもよいのでしょうか。そうならないためには小さい頃の教えが大切です。

保護者としての子どもへの思いを再確認し、気持ちを切り替えて子育てをしましょう。

保護者に求められること

前項では、帝王学教育を行う前に必要なことについて触れましたが、ここでは、保護者が子どもと向き合う時の心構えについて書いていきたいと思います。

子育てをするということは、子どもに教えたり、躾けたりするだけでなく、保護者自身も成長させてもらっているという認識を持ちましょう。

子どもを育てることで、親もさまざまなことを経験し、学び、成長していきます。あなたがこの本を手に取り、何かを得ようとしているなら、それも、経験、学び、成長につながるものなのです。

子育ては、子どもだけに求めたり、指導したりすることではありません。自分はお手本としてふさわしいか、言行一致できているかと考えながら行うものです。

そういった意味で、私が子育てで大切にしてきたことがいくつかあります。

例えば、「見えないものを観る力」「洞察力」「包容力」という三つは、子育てをする上で欠かすことができないものだと思っています。

親は常に子どもといっしょにいられるわけではありません。むしろ、日中はいっしょにいない時間の方が多いでしょう。その時間に、子どもは多くの体験を積んでいます。その体験にはさまざまなものがあります。同じ体験はありません。毎日、新しい経験をしているはずなのです。しかし、悪いことをした時などは、親に話したくないでしょう。保護者の方も、子どもの頃を振り返ってみると思い当たることがあるのではないでしょうか。

先程述べた、「見えないものを観る力」とは「子どもが話したくないこと」の「事実」を推測する能力です。これを身に付けると、子どもの様子をより細かく把握することができます。子どものことを把握できると、保護者自身も安心することができ、落ち着いて子どもを見守ることにつながります。

次に、「洞察力」ですが、これは今述べた「見えないものを観る力」を表面的なこと、過去の出来事を観る力とすれば、「洞察力」は内面的なこと、そして、これから先のことを考える力と言うことができます。

日中、子どもがお友だちと何かあった時などは、帰宅後の行動がいつもと違っています。その多くは、ほんのちょっとした変化です。

例えば、帰ってきた時の声の様子、帰宅した後の行動がいつもと違うといったことですが、さらに言えば、声の高さ、張り、語尾の違いだったり、靴の脱ぎ方、ものの置き方など、本当に些細な変化です。意識して子どもを観ていないと、その変化を見逃してしまうかもしれません。それをしっかりとキャッチすることで、子どもは「自分のことをちゃんと観てくれている」と思うでしょう。

何も監視しろと言っているのではありません。「観ていないようで観ている」スタンスで、お子さまの変化をキャッチしましょう。子どもから、「ママは魔法使いみたいだね。私のことは何でも知ってる」と言われることが理想です。

また、子どもの成長に、「保護者への信頼（安心感）」は欠かせません。子どもは親の思う通りには動いてくれないものだからです。

例えば、子どもは、よいことは話してくれるが、悪いことは話してくれないとします。そうすると、「どうして話してくれないの」とイライラするでしょう。

しかし、自分が子どもだった頃を思い出してください。悪いことをした時には、なかなか言い出せないものです。それを乗り越えるために必要なのが、信頼であり、安心感なのです。

そして、信頼や安心感を持たせるためには「包容力」が必要です。

もちろん、子どもからすれば「包容力」ですが、親から見れば「我慢」です。たとえ「我慢が必要な話」であっても、保護者は「笑顔」で聞かなければなりません。イライラして、怒っているところに「包容力」は存在しません。イライラは心を狭くしてしまいます。

もっとも、「我慢」と考えると、負担に思ってしまうかもしれませんが、「包容力」と言い換えると、ポジティブな気持ちになるのが親というものです。

子どもの寝顔を見ている時の気持ちを思い出してみましょう。

子どもの笑顔は、最高の癒しです。その優しい気持ちで満たされている時は、保護者の方の気持ちも包容力にあふれたものになっているに違いないのです。

形あるものはいつかは壊れる

新築の戸建てを購入し、転居して約二週間が経ったある週末でした。二男が転園先の幼稚園でできた新しい友だちを家に招いた時のことです。お母さんたちはリビングでお茶をし、子どもたちは隣の和室で遊んでいました。友だちの一人が障子にスーパーボールを投げて遊んでいたのです。隣の部屋からは、「やめなさい」という母親の言葉が聞こえましたが、子どもたちは、それには耳も貸さず楽しんでいます。そうですよね。新しい障子はピンと張っているので、音も跳ね返りも最高です。

「消えた……」

子どもたちは、狐につままれたようにキョトンとした表情をしています。子どもにしてみれば、まさにイリュージョンです。逆に、母親は瞬時に事態を察して真っ青です。この両極端な光景は今でも忘れられません。その時、私は大笑いしてしまったのです。

そして、「どうした」「スーパーボールが消えた」「すごいな。おじさんの家は魔法の家だね」と会話をしながら、障子を開けてスーパーボールを取りました。

そして、障子を破いてしまったこと認識すると、「おじさん、ごめんなさい」と一言。

「謝ってすむ問題ではないでしょう」と怒る母親。しかし、障子を少し破いた程度ですから、そんなに怒ることではありません。

それからは、「さぁ、どうする。どうやって直すといいかな」と周りの子どもを巻き込んでの作戦会議です。何かを貼ればいいという結論に達し、その後、みんなで工作の時間です。各自出来上がったらみんなの多数決で障子に貼る形を決定し、無事、修繕は終わりです。

平謝りのお母さん。

「うちは形あるものはいつかは壊れるといつも言っています。壊したくて壊したのではないし、こうして直ったのだからいいじゃないですか。それに、障子なんて張り替えればいつでも新品になりますから。そんな大袈裟なことではありません」

と笑って伝えました。

障子に穴が空いたくらい大したことありません。私も小さな頃、母の田舎に行っては指を舐めて障子に穴を空けていました。祖父が修繕し、次に行った時には障子に桜の花が咲いていたことを思い出しました。

そのことから一カ月後の余談です。

帰宅した私に対して、神妙な顔をしている長男。

「ごめんなさい。クローゼットの扉に穴を空けてしまいました」

これには、「えっ、クローゼットの扉に」と思い、子ども部屋に行くと、クローゼットの扉を開けた状態で子ども部屋のドアを開けてしまい、ドアの取っ手の部分が扉にぶつかって穴が空いてしまったとのこと。

障子とはわけが違います。さぁ、これからお説教をと思っていたら、隣にいる二男が、「兄《に》ぃーに、大丈夫だよ。形あるものはいつか壊れるんだからさぁ。この間、パパが言ってたよ」

「……」

そうだ、子どもは謝ったし、不可抗力。しかも、ふだんから言っていることもあり、怒る要素がない。

心で泣きながら階段を降りました。

その穴ですか？

今でもはっきりと残ってますし、そこには子どもたちが修繕をがんばった跡が今でもあります。ただ、修繕に失敗したのか、穴がその時より少し大きくなってますけど。

子どもの帝王学｜形あるものはいつかは壊れる

形あるものはいつかは壊れる～失敗談～

これは、私が母から言われてきた言葉ですが、母もその母から言われてきたそうです。「自分の大切なものを壊されたら腹も立つ。でも、相手だって壊したくて壊したのではない。誤って壊してしまうことがほとんどなんだから、相手が謝ったら許してあげなさい。たいていのものはお金を払えば買えるが、人の心はお金では買えない」とよく言われたものです。

ですから、私も子どもにはそう言い続けてきました。

そうですよね。壊したくて壊す人などいません。つい手が滑った、つまづいてしまったなど、大半が不可抗力です。

これは、子どもでも同じです。

大切なものを壊されたくなかったら、子どもの手の届かないところにしまっておけばよいだけです。

大切なものは素敵なもの、素敵なものは子どもが興味を持って当然です。

子どもの手の届くところに置いておいた方が悪いのです。

大人の方が知恵があるのですから、その知恵を使わないといけません。

我が家でもそんなことが多々ありました。

一番大きなことは、パソコンを壊されたことです。子どもにしたら、父親がいじっているパソコンには興味津々です。夜な夜なパチパチと音をさせる不思議な機械なのですから。

ただ、ウィンドウズのOSを削除されるとは思ってもいませんでした。

しかし、手の届くところにノートパソコンを開いておいていた私が悪いのです。

それをきっかけに、お父さんのものは触ってはいけないと教えるようにしました。

親としてよい教訓です。

我が家では、子どもがものを壊してもすぐには買い換えません。すぐに買い換えたら、ことの重大さが身にしみないからです。壊したことが、どう影響するのかを身を持って知ることで、子どもなりに何かを感じるでしょう。

ちなみにパソコンの中身は、当時、作っていた問題集の原稿でしたが、バックアップはとってあったので、被害は最小限ですみました。

これが大人の知恵というものでしょうか。

活きた「〇〇」の使い方

私が日本学習図書に中途で入社した時、前社長から言われ、今でも胸の中に大切にしている言葉があります。

「活きたお金の使い方をしなさい」です。

「一万円というお金は高いですか？　安いですか？」とも言われました。

これは今、私が講演時によくする質問の一つにもなっています。答えはさまざまで、「高い」という人もいれば、「安い」という人もいます。

前社長の質問はさらに、「もし、目の前に食べるものに困って飢え死にしそうな家族がいたとします。その人たちに一万円分の食事をご馳走したのと、パチンコに行って一万円分負けたのとでは、どちらが使った後によかったと思いますか」と続きます。

前者の場合、食べた後、その家族はすごく幸せそうな表情を見せるでしょう。それを見て私はよかったと感じ、後者の場合、ただ悔しいと感じるだけでしょう。

そう答えると、前社長は、「同じお金を使うなら、使ってよかったと思えることにお金を使いなさい。お金の価値は使ったことによって決まります」と教えてくれました。

そして私はこの「活きたお金の使い方」は、ほかのことにも言えるのではないかと考えました。「活きた時間」「活きた場所」「活きた人」などです。

この話を、我が子にもしました。

その頃、子どものお小遣いは、ただお金を与えるのではなく、お手伝いの対価として支払うという形にしていたので、子どももお金の価値というものがわかっていたのでしょう。ですから、この話に興味を示して聞いていました。

しばらくして家族でいっしょに買いものに行くと、高くて美味しそうなお肉やお刺身が売っています。それを見て、子どもは「このお肉がいい」と言いますが、値段を見て我が家の財務省（母親）からは即却下の判断が下ります。この時のコメントがおもしろく、かわいいものでした。

「ママ、『活きたお金の使い方』だよ。これを食べると、ぼくたちはすごくうれしくなるよ。その笑顔を見ればママもうれしくなると思うなぁ」と言いますが、まだ子ども、我が家の財務省の方が一枚上手です。「大丈夫。今のみんなの笑顔を見ていると、お金をかけなくても幸せになれたから。お肉さん、ありがとう」と言って素通りしたのです。

「うん、活きた言葉の使い方だ」などと一人頷き、後ろをついていきましたが、母親はすごいですね。挽き肉を手に取ると、「今日は、ハンバーグにしようか」と、何事もなかったように子どもたちに語りかけ、一瞬で子どもの心を掴むのですから。

「さすが、活きた言葉の使い方だね」と褒めると、「いいえ、活きたお金の使い方です」と返ってきました。

我が家では、こうしたやりとりを随分としました。

子どもを叱る時も、「これは活きた○○と言えるか」と質問をします。と同時に、いろいろな人の逸話についても話をします。

例えば、読売ジャイアンツから大リーグに行った松井秀喜さんが語った、ＭＬＢのニューヨーク・ヤンキースにいた、デレク・ジーターさんのエピソードです。

彼らは仲がよいことでよく知られてますが、ある休みの日、松井さんがジーターさんと二人でニューヨーク五番街を歩いていた時のことです。二人が、某高級ブランド店の前を通ると、店員さんが出てきて、ジーターさんに、「好きなだけ服を持っていってください」と言ったそうです。

ジーターさんは、もらうのは悪いからと、断りましたが、あまりの強い申し出に、スーツを三着、いただいて帰ったそうです。松井さんにはそのような申し出はありませんでした。松井さんは、その様子を見て「すごいなぁ、一流になるとこういうことがあるんだ」と思い、自分もがんばろうと思ったそうです。

その数日後、ジーターさんはまた同じお店を訪ねると、球団スタッフのためにと三〇〇万円相当の買いものをして、クリスマスプレゼントとしてみんなに贈ったそうです。

この行動を聞いた松井さんは、とても驚いたと話していました。

球団スタッフにまでに気にかけるという心遣いに、松井さんは「彼がみんなから尊敬される理由がわかった」と語っていました。

私は子どもにこうした話をする時、「『した人』の気持ちではなく、『された人』の気持ちになって考えてごらん」と言います。された人の気持ちになれば、その行動の意義や意味が理解できるのです。「相手の気持ちになって」ということはよく言われることでしょう。

プレゼントされたスタッフは、さぞかしうれしかったでしょうね。

これこそ、「活きた自分の使い方」です。子どもに一番学んでほしかったことでした。

何を対象にして「使い方」を気付かせるか。その材料はたくさんあります。また、特別なことではなく、今の自分に何ができるのかを考えるようになることで、さまざまなことがわかると思います。

感謝の気持ちを伝える

まず、家庭内でそうした気持ちを、素直に伝えられる環境を作ることが大切です。

「ありがとう」って素敵な言葉だと思います。「うちの子はしっかり言えてますよ」という方も多いと思いますが、どのようなことに「ありがとう」と言っているでしょうか。

「ありがとう」を言うことは、感謝の気持ちを伝えるということです。

いくら感謝していても言葉に出さなければ、相手に伝わりません。言葉に出しても、声が小さければ伝わりません。目を見て言わなければ、誰に言っているのかわかりません。子どもには、そのことを最初に教えることが大切だと思っています。ですが、相手は幼児です。言葉で説明することは難しいので、実際にいろいろな「ありがとう」を言わせて、どれが一番相手に伝わるかを体験させました。

それが家庭での、「感謝の気持を伝える」行動のスタートでした。

次のステップは、大人が「ありがとう」を連発しました。もともと、「ありがとう」の多い家庭でしたが、意識して増やしました。

そして、「ありがとう」という言葉が持つ力が、子どもたちに伝わってきたように感じたので、家でしていることをお披露目するという意味で、外でも「ありがとう」を連発するようにしました。

実際に行ってみると羞恥心もあり、家ではできていることでも、はじめのうちはなかなかできないと思います。

そんな時、子どもには「相手の立場になってごらん」と話をします。恥ずかしいと思っている子どもに、がんばれと励ましてもうまくはいきません。子どもが抱えている羞恥心よりももっと価値のあるものの話をして、羞恥心を克服する努力をしました。

例えば、レストランに行った時、日本では水は当たり前のように出てくるけど、海外では水はお金を払って買うもの。それをただで、わざわざ、自分たちのために持ってきてくれていると話しました。

それに対して、「ありがとう」を言ってもらうと、言われた人はうれしいし、がんばれるんじゃないかなと続けます。

子どもが頷いて、水をもらう時に、「ありがとう」と言うと、店員さんは笑顔を返してくれました。その笑顔が、次の「ありがとう」を言うパワーになります。

そして、「運んでくれた人にはお礼が言えるけど、自分たちのために美味しい料理を作ってくれた人にはお礼はしないの？」と、子どもに促します。

レジで子どもたちが三人揃って「ごちそうさまでした」と言ってから店を出ます。

こうした行動は、子どもたちが成長した今も続けています。三人並んでではないですが、レジの前を通り過ぎる時、止まってあいさつをしてからお店を出ます。

たとえ小さなことでも、してもらったら「ありがとう」を言える人になってほしいという思いは変わらないということです。

そういう人って素敵だと思いませんか。

ありがとうを言い続けていると、自然とその言葉が出てくるようになります。そこまでできて、はじめて定着していると言えるのではないでしょうか。

繰り返し言っていると、「ありがとう」は自然になってきます。

その自然なあいさつができる人が一人ではなく、家族全員だったらどうでしょう。

よい家庭だとは思いませんか。

謝罪の気持ちを伝えられる

前項では、感謝について触れましたが、大切なことはほかにもまだあります。

それは謝罪の気持ちを素直に持てることと、それを言葉にして相手に伝えられることです。これは、感謝の気持ちを伝えることよりも難しいことです。子どもにも子どもなりのプライドがあって、そのプライドを壊さないようにしないと謝罪の気持ちは持てないのです。そうならないように、どのように教えていくかを考える必要があります。

しかし、謝罪に本人のプライドは関係ありません。自分のことよりも、相手に悪いことをしてしまったという気持ちがあれば、自然に謝罪の言葉が出てくるはずです。そういう意味のことを何度も何度も子どもに話しました。

そして、「五つの約束」（後述）のうちの一つ、「嘘はつかない」を使い、子どもに考えさせるようにしました。

謝罪をしなければならないことが起きた時、まずは子どもに話を聞きます。

そこで嘘をついているとわかっても、その時点ではあえて触れません。触れてもよいのですが、それでは、指摘されたから同意したにすぎません。「バレた」というだけです。

ですから、私は話を一通り聞いた後に、

「まずは、お父さんとの約束を言ってごらん」

と言って五つの約束を子どもに思い出させます。

いかに子どもが幼いといっても、この後にまずいことになると察するのでしょう。

「普通に叱られるのと、約束を破って叱られるのとではどちらがいいか、よく考えてきなさい」

と続けると、子どもの顔つきが変わります。

子どもは、約束を破った時の私の怖さが身に染みているので、「今のうちにちゃんと謝った方がいい」と考え、すぐに私のところに来て、「ごめんなさい」と謝ります。

「何がどうごめんなさいなのかわからない」

と、私は冷たく返答します。

その理由は、反省したから言ったのではなく、あくまでも私から怒られることを逃れるための手段にすぎないからです。一言で言うなら反省のない申し出です。それでは目的から逸れてしまいます。

すると、子どもは子どもなりに考えをまとめてから話をするようになります。成長するにつれ、自分の言うことを整理するので時間をくれと言うようになりましたし、反応としてではなく、最初から何がいけなかったのかまで考えるようになりました。

そして、成長とともに、そのような行動をとらなくなります。それだけ叱られた経験を重ねたということです。

しかし、ただ経験すればよいというわけではありません。

子どもが幼い時は、保護者の価値観に大きく左右されます。まずは、保護者ができているかどうかを見つめ直してください。

親がしていないことを、子どもに「しなさい」はないですよね。

例えば、保護者同士、保護者と子ども、保護者と家族以外の人に対して、謝罪する姿勢を子どもの前で示していますか。

保護者が謝罪しないのに、子どもだけに謝罪しろというのはおかしいですから、特に謝罪に関することは率先して子どもに見せていました。

ふだん、謝罪の言葉を口にしない人は、謝罪することに対して、負けた感じになるとか、恥ずかしいという気持ちを持ってしまう人もいるでしょう。

これも慣れです。

私も、最初の頃は抵抗感がありました。

しかし、最初だけで、慣れてくれば何ともありません。

人間関係を良好に保つために、あいさつは大切なことですが、自分の過ちをきちんと認め、伝えられることもとても大切だと思っています。

子どもが成長し、人の上に立った時、そのことが身に付いているのと、いないのとでは大きく違います。

そう考えると、この「謝罪の気持ちを伝える」ことは、とても重要だと思います。

まずは、他人に対してだけでなく、家庭内で「謝罪の気持ちを伝える」ことに重点をおいて実践しましょう。家族だから言わなくてもわかるという気持ちも理解できますが、家族だからこそきちんと伝えることが大切です。

仰々しい謝罪でなくてかまいません。「ごめんね」の一言がすぐに言えることが大切なのです。

お母さんは弱い

自然の摂理で、成長すると女性より男性の方が体力的に勝ります。自分の持っている力をどのように使えばよいのかを子どもに教える時に、この言葉を使いました。

前にも触れましたが、我が家は男ばかり三人の子どもがいます。

幼少期は母親の方が体力的にも勝ってますが、成長とともにその差は埋まり、逆転していきます。「母親を大切にする」とシンプルに教えてもよかったのですが、どうして大切にするのかを考えさせることで、人を大切にするという意味を知ってもらいたい思ってました。

「お母さんは弱い人だからみんなで守ってあげないといけないよ」と幼い頃から教えました。しかし、言葉だけではなかなか理解できないでしょうから、生活の随所に、いつでもそれを思い出させるような工夫をしました。

例えば、買いものです。我が家には買いものする時、妻には荷物を持たせないという暗黙のルールがあります。持たせても一番軽いものにしています。

子どもが持つものは、各自の成長に合わせて決めましたが、残った分は私の担当です。

荷物を持ってもらった妻は、「いつもありがとう。おかげで助かったよ」と子どもに言葉をかけます。

買いものに行く時の、この手ぶらルールは今でも実践しています。

このルールのよいところは、さまざまなことに発展・応用が効くところです。

母親は肉体的に弱いという認識を持てば、子どもの中に、そういう人には周りが手を貸してあげないといけないという意識も生まれます。そして、お母さんがどんな状態かを常に気にかけるようにもなります。

それができるようになったら、子どもに対して、「その気配りを別の人にもしてあげると、してもらった人は喜ぶんじゃない」「世の中には手を貸してもらいたい人がたくさんいると思うよ」「どんな人が手を貸してほしい人かな」といった問いかけをすることで、家族以外にも配慮できるようにしていきます。

それが、相手を思いやる心を育てることにつながるのです。

また、これが習慣になると、何か用事を頼んだ時に嫌な顔をしなくなります。彼らの中で、手伝うことが当たり前になるのです。

子育ては回り道ばかり

子どもの頃の行動には無駄が多いのは当たり前です。何をするにしてもなかなか始めませんし、始めたとしても、別のことをしてみたりと、肝心なことが全然前に進まないということがよくあります。

内容によっては、そうした時間も大切なことがあるので一概には言えませんが、とにかく無駄が多いと周りは感じてしまいます。そんな時、子どもに対して「時間の無駄でしょう」と言ったところで通じません。ならばと、無理にやらせても、言われたからやっているだけになってしまい、子どものためにはなりません。

そこで、我が家では次のような工夫をしました。

おやつの時間をお手伝いの後に設定し、この二つをセットにしたのです。お手伝いとおやつの時間を合わせて何時まで。その後、買いものに行くという感じです。

ですから、お手伝いを早く終わらせれば、おやつの時間は増えますが、そうでないと、おやつの時間が減ってしまいます。

子どもには「おやつの時間が減ってしまうけどいいの」といった優しい言葉がけは

しません。最初にしっかりと言い聞かせ、後はそれぞれにまかせます。

遅れてきた時は、「何をしていたの？　おやつの時間はあと○分だよ」と言うだけです。時間が過ぎたら、おやつは親のおなかの中に入ります。食べものは無駄にできないので。

そうすると、今度は手抜きを始めます。そこも織り込みずみで、チェックを入れます。

そこで手抜きがバレると今度は、別の問題が発生します。それは、私との約束を守らなかったことです。子どもにすれば、私にバレることだけは避けたい。

「ねぇ、お父さんに言うの？」

「なら、どうしたらいいのか自分で考えなさい」

と言えば、今度は隅々まで掃除をします。テーブルに着いた時にはおやつの時間はあとわずか。手抜きをした後悔をしっかりと味わいます。

こうしたことがあって、子どもが落ち込んでいる時は、妻からメールがきます。

帰宅したら、わざとその場所に行き、「きれいだね。気持ちいいよ」と、子どもに聞こえるように話します。

手間のかかることをたくさんしてきました。

でも、その一つひとつが、子どもの財産になってくれればうれしいと思っています。

なぜ約束をするのか

育児をしていると、子どもと数々の約束を交わします。大人から見れば、子どもの成長過程におけるモラルの確立のために必要だと考えてのことです。ですから、大人は子どもと約束を交わすこと自体に疑問を抱くことはありません。

しかし、子どもがそう考えているとは限りません。

日常生活の中には、あらためて考えると「なぜなんだろう」「どうしてなんだろう」と思うことがたくさん存在します。子どもにとっては、その一つが「約束」なのです。人との触れ合いを経験していないので、なぜ約束が必要なのかもわからないのでしょう。

子どもとの約束は大きく分けて二つあります。

一つは、これから起こるトラブルなどを回避するために交わす約束。

もう一つは、起きてしまったことにどう対処するかを決める約束。

後者の場合はともかく、前者の約束を理解させることは難しいと思います。経験の少ない子どもに、これから起きるかもしれない出来事を説明し、それにどのように対処するかという約束を交わすことになるからです。

焦らず、ゆっくりと、かみ砕いて説明しなければなりませんが、ここで欠かしてはならないものがあります。

それは、保護者と子どもとの間にある信頼関係です。

ていねいな説明をしたところで、信頼関係がなければ話を聞き入れることはありません。子どものピュアな心は、物事をシンプルにとらえるので、保護者が約束を守っていないと子どもも約束を守ろうとしなくなります。

お母さんだってしていないのにと思われたら、その疑問は説明しただけでは解消できません。そして、一度、そのような思いを抱いてしまったら、子どもの先入観をなくすのは大変なことです。

ですから、まずは保護者自身が、交わす約束の内容について、自分が守っているかを確認し、そうでなければ行動をあらためなければなりません。

私は、今までに信号無視を数えきれないくらいしました。車が来ないから行ってしまえというような感じで、赤信号を渡ったことが何度もあります。また、急いでいるからと道路を横切ったこともあります。

「信号は守るんだよ」と教えた時、「お父さんは赤信号で渡っているのにどうしてぼくはだめなの」と言われたら、ルールを教えるどころではなく、「不信感」「理不尽」など、まだ学ばなくてよい感情を先に教えてしまうことになります。

ですから、子どもが幼い頃、特に信号は守るように意識しました。

同時に、信号の意味を教え、交通安全に意識を向けたのです。

ところで、車の免許を持っている人はわかると思いますが、

「青信号は行ってもよい」

「黄色信号は止まれ。でも止まれない時は行ってもよい」

「赤信号は止まらなければいけない」

と教習を受けます。

しかし、一般的には、

「青信号は進め」

「黄色信号は注意」

「赤信号は止まれ」

と考えられています。

この違いも子どもに教えました。子どもは興味津々です。約束を交わす時もそうですが、興味や関心を持たせることで子どもの理解は変わります。約束すること、約束

の中身も大切ですが、約束することについて関心を持たなければ、すぐに忘れてしまいます。それでは、約束を交わす意味が薄れてしまいます。

この項目のタイトルである、「なぜ約束をするのか」に立ち返れば、そうしたことも大切だということがわかると思います。

また、説明する時は、焦らず、例え話などを交えてあげると理解しやすくなります。

そして、人間は絶対ではありません。故意ではないにせよ、時には約束やルールを破ってしまいます。子どもがそんなことをしてしまった時は寛容な心で受け止めてあげましょう。

同じ過ちを幾度も繰り返しますが、それに対する反省一つひとつが子どもにとっては成長の糧になるのです。

それと、叱る時、クドクドはだめですよ。怒るのはもっとだめです。

感情に左右されず、悪かったことだけに絞って叱りましょう。

このことに限らず、叱った後は、笑顔で子どもを抱きしめてあげてください。

これは、我が家での絶対のルールです。

最後は愛情で受け止める。これが大切であり、次につながることだと思っています。

教育を共育へ

「教育は共育」という言葉を耳にしたことがあるかもしれません。

「子どもの成長は親の成長、つまり『共育』」という言葉は、その通りだと思います。

私も三人の子どもの親だからといって、子育てのベテランというわけではありません。

それは、長男が二〇歳だった時の親の経験はありますが、二男や三男が二〇歳になった時の親の経験はないのです。

つまり、「明日の子どもの親になった経験がない」のです。

そういった考え方をすれば、親はいつになっても新人ということです。

新人だからこそ、子どものために、私自身が成長していかなければならないのです。

ですから、「教育……教え育つ」ではなく、「共育……共に育つ」なのです。

皆さんは、何かの縁で夫婦になり、子どもを授かりました。世の中には子どもが欲しくても授かれない人がたくさんいます。そう考えたら、子どもを授かったことだけでも幸せではありませんか。

せっかく授かった幸せなのですから、子どもだけでなく、保護者の方もいっしょに成長していきましょう。

私がこうして本を書くことができるのも、子どもを授かったことによって、いろいろな経験をしてきたからです。例えば、子どもが悪さをして、いろいろな方に頭を下げたり、子どもがいたから知り合えたご家庭もあります。そうした人から学んだことがあるからこそ、このような文章が書けるのです。

新しいことを知ることは幸せだと思います。知れば、試してみようという気持ちにもなりますし、そう思っている時は、保護者でもワクワクしているはずです。

また、仕事からの知識だけではここまでは書けなかったと思います。育児を経験したことはこの文章を書くことにも大いに役立っています。

そして、私自身は、部下からもたくさん学ばせてもらっています。現在、私は、日本学習図書の四代目の社長として会社を経営していますが、社員に支えられていると日々感じています。

みなさんも「共育」のアンテナをもっと張ってください。意識を外に向ければたくさんのことが学べます。学ぼうと思えばいくらでも学ぶことができますし、意識しなければ学べないこともたくさんあります。

子どもを授かった幸せを、さらに大きくふくらませていきましょう。

共育に必要なもの

「共育」をするためには、次の三つのステップが必要となります。

・子どもの興味関心を引き出すこと。

・才能や能力を伸ばすこと。

・規範意識を持って実践すること。

この三つを「凡事徹底」の精神で取り組みます。

まずは、興味関心を引き出すことから始めます。保護者は子どもの気持ちを引きつけるために試行錯誤し、子どもはその話に興味を持ちます。こうしたスモールステップをたくさん積み重ねていきます。

次に、それについての能力を伸ばしていきます。経験を重ねながら、自分のものにしていきましょう。この時、試行錯誤することが大切です。

最後に、規範意識を持って実践します。知識として修得しても実践できなければ能力がないのと同じです。ですから、身に付けたものを使えるように変えていきます。保護者は、ただお手本を見せるだけでなく、規範意識を持って行動することが大切です。

このサイクルを繰り返して行います。子どもは、能力を身に付けるのも早いですが、失うのも早いので、身に付けたことが自然にできるようになるまで、繰り返し行うことが大切です。

このように抽象的に書くと、難しいことのように思うかもしれませんが、深刻にならないようにしてください。

育児には正解はありませんし、何が正しいのかは誰にもわかりません。言えるとすれば、「育てたように育つ」ということです。だからこそ、保護者も成長するという意味での、共育が必要なのではないでしょうか。

また、隣のお家では成功したことが、我が家ではうまくいかないということはよくあることです。そもそも、子どもの性格、家庭のカラーはみな違うのですから、お隣と同じことをしたからといって同じ結果が得られることはありません。

ですから、ここに書いてあることをそのまま実行しても、すべての方がうまくいくとは限らないのです。あくまでも参考意見としてとらえ、皆さんのご家庭で大切にしていることを取り入れて、アレンジしてください。

もっとすばらしい結果が得られると思います。

共に学ぶということ

子どもが悪さをして叱っている時、心の中で、「あっ、これは私の躾がいけなかった。今度はこうしなければ」と思うことはありませんか。

教育は受ける者だけが学んでいるわけではありません。同時に、教える側も学び、よりよい教育を授けていこうと努力しています。

私も子どもを叱る時に、どのように言ったらきちんと伝わるのだろうかと悩んだことが多々あります。皆さんも経験ありませんか。

私の三人の子どもは三者三様です。ですから、同じことを言ったとしても理解度が違います。もちろん、子どもの体調や心の状況によっても伝わり方は変わります。

どのような時にどのような言い方が適切なのか、子どもが発するサインを見逃さないためにはどうしたらよいのかを考え、子どもをしっかりと育てようといろいろな本を読み、人の話を聞きました。

私はよく、「親はいつも新人」と言っています。

新人は、謙虚な気持ちでいつも学ぶ姿勢を忘れてはいけないと思っています。

私は今、こうして本を書いていますが、執筆しながらもいろいろなことを考え、学び続けています。

人は学びたいと思う限り、学び続けられるのです。もし、学びをあきらめてしまえば、その人の成長は止まります。

保護者が学ぶことをやめてしまえば、子どもの成長は鈍化し始めます。

保護者の責任は、本当に重いのです。

そうした責任を持つ一方で、子どもからは幸せという最高の贈りものをもらっています。

疲れて帰宅した時、子どもの寝顔を見るだけで癒やされました。「パパがんばってね」という一言は、「がんばるぞ！」というパワーになります。

学びを、子どものためと思うのか、自分のためと思うのか、どちらが正解かはわかりません。ただ、保護者が学ぶことで、子どもによい影響を及ぼすことは間違いありません。

それが、「共育」なのです。

実感することは難しいかもしれませんが、皆さんそうした感覚を何となく持っているのではないでしょうか。そして、それを続けることに意味があるのです。

夢を持つこと

子どもに対して、人生の基本方針を持たせようとするのは難しいことです。将来の夢は何かを話すくらいが精一杯だと思います。

将来の夢を持つことは大切です。ただし、持っていればよいというわけではありません。サッカー女子ワールドカップで優勝した澤穂希《さわほまれ》さんは、「夢は見るものではなく、叶えるもの」と言いました。

まさにそれです。

私が子どもと将来の夢について話す時は、せっかく将来の夢を語るのだから、具体的に語ろうと心がけました。

私の方から、「なぜ」「どうして」を連発します。

世の中には、さまざまな職業があります。数ある職業の中から、なぜその仕事に就きたいと考えたのか。子どもなりの理由があるはずです。

仕事とは役割です。そして、その役割をしっかりと認識することは、仕事を選ぶ際の基準になり、仕事を通じて夢を叶えるためにはどうしたらよいのかを考えることにもつながります。

考えることで、子どものふだんの態度が変わってきます。

子どもは自分の人生をより具体的に考えるようになりますし、態度が変わる時には考え方もしっかりとしてきます。このサイクルでより一層、精神的に成長していきます。

子どもの夢が違うものになったり、ある程度時間が経った時に、職業やその社会的な役割について話しました。

長男は大学進学の時には夢を持ち、在学中に資格を取って、夢を実現させました。

二男も夢を持っていましたが、その夢を実現することはできませんでした。ですが、新たな夢を発見し、がんばっています。

三男は、夢を探しています。私は「まだ、夢を決めなくてもいい。広い世界をピュアな心で眺めてごらん。きっと今まで見えなかったものが見えてくると思う」とアドバイスをしています。

そして、子どもには「ドアの向こうに夢があるなら、ドアが開くまで叩き続けるんだ」という矢沢永吉さんの言葉を伝えました。

夢は夢です。必ずそうしなければならないわけではありませんが、何か目標を持つことは大切だと思います。子どもの夢を、いっしょに楽しく語り合ってください。

教育とは教えることではなく、よさを認めること

教育は教えて育てると書きます。確かに教えることは必要で、教えることで育っていくのですが、それだけでは充分ではないと思っています。

教えられる側が、「指示待ち」「言われたことだけしかできない」という状態ににってしまう可能性もあるからです。

私も最初の頃は、子どもに手取り足取り教えていました。そうした教え方には効果があると思っていたのですが、子どもの成長にともない、それだけでは伸び悩むと思うようになりました。

ある段階まで進むと、子どもには「失敗」が必要になります。失敗ではなく、経験とも言えますが……。経験が少ないため、結果的に子どもは多くの失敗を重ねました。

その失敗をどうとらえるかがポイントになります。私は、この仕事をしていたおかげで、失敗の大切さを知っていたため、失敗するたびに喜び、ワクワクしていました。

「どこがうまくいかなかった?」「次はどうする?」など、失敗するたびに声をかけていました。つまり、成長のためには失敗が必要ですし、失敗すること自体、決して

悪いことではないということです。

親子のコミュニケーションがうまくいっている時、子どもは多くのことを吸収します。よさを認めてあげることは、子どものモチベーションを上げることにもなりますが、一番のポイントは安心感が生まれることです。親のもとでは失敗しても大丈夫という安心感が、挑戦する原動力になるのです。

何かを教えることと、子どもを認めることのバランスを、保護者は考える必要があります。子どもは、そのバランスを自分でとれないので、保護者が子どもの状態を見ながら、状況を判断しなければなりません。

しかし、子どもを見ていると、どうしても「○○しなさい」と言いたくなる時があります。その場はそれでよいとしても、長い目で見るとプラスに作用しないことは誰しも経験のあることではないでしょうか。

失敗してもいいんです。そのまま放置してしまうと単なる失敗になるので、そこから何かを学ぶことが大切なのです。

子どもに失敗はなく、経験のみが積み重なると考えましょう。

相手を思いやる心とフォローアップ

二〇一九年ラグビー・ワールドカップが日本で開催され、多くの人が日本代表の活躍に歓喜しました。ラグビーは試合をする選手数が、スポーツの中で最多ということをご存じでしたか。両チーム合わせて三〇人の選手で試合をします。

ラグビーの試合を見ていて、レフリーの判定にクレームをつける選手がほとんどいないことに気が付きましたか。ラグビーでは、レフリーの判定に疑問が生じた場合はキャプテンを通して説明を求めるのです。

また、ラグビーでは「ヒーロー」という言葉を使用しません。トライした選手も、「自分がたまたまその位置にいただけ」と表現する人が多いのです。

トライをしたのはたまたま自分だったが、みんなでボールをつないだ結果だからと思っているからです。トライ後に喜びを表現する選手もいますが、これは個人としてではなく、チームとしての喜びという意識が強いように感じます。

おそらく、チームの一員という帰属意識が、ほかのスポーツよりも高いからでしょう。だから「みんなで取ったトライ」という意識を持つのです。

そして、試合が終わるとノーサイド。

両チームは、今まで激しく戦ってきた相手を互いに称え合います。

私が経験者だったこともあり、ラグビーの精神を子育てにも応用しました。

人にはそれぞれ役割というものがあります。そして、その人が力を発揮できることや場所が必ずあります。ラグビーでは、体格や足の速さなどによってポジションが異なります。個性や特徴を活かすことができる役割がそれぞれにあるということです。

世の中も自分の思った通りにはなりません。そして、思い通りにいかないことを知ることも大切なことです。

ラグビーの試合では、自分はこうしたいって思っても、ほとんどのプレーは相手選手に阻まれてできません。そして、ボールを持った選手が前に行けない場合は味方の選手にパスし、パスをもらった選手が前に進みます。相手に倒されても、味方にボールが渡るように、自分の身体を使ってボールを守っているのです。

パスも、味方の選手が取りやすいように投げています。そして、仲間がサポートに来ていることを信じてすべてのプレーします。

このように、一人ではできないことでも、ほかの人と協力し合うことでさらなるパワーを生み、実現できるのがラグビーです。

トライはみんなで一生懸命ボールをつないだ結果であり、「どうですか、ぼくたちはみんなでボールをここまで運んできました」という意味で「トライ」と言いながらボールを敵陣にグランディングします。

トライを決めた選手はチームの代表であって、ヒーローではないのです。

では、守備はどうでしょう。

試合中に完璧にプレーできる選手はいません。必ずミスはします。肝心なのはミスをなくすことではなく、その後の行動です。ミスというのは、結果的にそうなってしまったというだけのことなので、誰かを責めるのではなく、みんなで補って埋めていくべきものなのです。

試合中、タックルにいっても、相手を倒せないことがあります。体格差が大きい海外のチームが相手の時にはよくあることです。そのような時に、一人でだめなら二人がかりでタックルにいきます。ダブルタックルです。そうやってみんなで補っていきます。

皆さんは、日本代表の主将を務めたリーチマイケル選手をご存じですか。彼は、味方の選手が抜かれても、一生懸命走り、相手にタックルして何度も日本のピンチを救いました。

しかし、彼は「俺はやった」という表情を見せることなく、黙々と次のプレーに移っていきました。仲間のため、チームのために一生懸命取り組むことは、彼にとって当たり前のことなのです。

子どもにこうしたことの意味を伝えるのは難しいことです。ただ、保護者が、相手を思いやる心を我が子に持ってほしいと思っていれば、その気持ちは伝わるのではないでしょうか。

一生懸命取り組めば、結果がついてくる。保護者自身がしっかりと自分を見つめ、自己を高めていく努力を続ければ、お子さまにもそのことがわかると信じましょう。

ここではラグビーをテーマにしましたが、どんなスポーツにも、思いやり、お互い様、努力、気配りなどの精神は見つけられるはずです。

このような精神を、生活の中にどのように取り入れていけるのかを考えていきましょう。

いつかラグビーを見る機会がありましたら、このようなちょっと違う角度からとらえてみてはいかがでしょうか。新たな発見があるかもしれません。

特別なことはない

我が家の教育方針は、先端を行くものではなく、むしろ逆行していると言えるかもしれません。世の中が便利になるにしたがって家族を思いやることが少なくなっているように感じたからです。それに抗うという意味で、自分が子どもの頃の不便さを再現していました。

よくやっていたのが、お風呂の自動温度調整を切ってしまうことでした。今の時代、あらかじめ設定しておけば、いつでも温かいお風呂に入ることができます。

すると、子どもは、言われた時にお風呂に入らず、自分の都合で入ろうとします。誰かが入ろうとしているタイミングと重なり、言い争いの原因になってしまうこともありました。ほかの家族の状況を考えず、ただ、自分のことだけを考えた結果です。家族といっても集団生活に違いはないので、自分だけでなく、ほかの人のことも考えなければなりません。

そういう状況になれば、我が家では、お風呂の自動温度調整を切ってしまいます。後で入るのは自由ですが、お湯はぬるくなってしまいます。こうすれば、いちいち言わなくても自分の体験で理解するはずです。もちろん、いきなりではありません。前もって児童温度調整を切るから、続けてお風呂に入るように伝えておきます。

昔はこういった機能はなく、お湯が少なくなればお湯を足し、お湯がぬるくなればガスで沸かし直していたことも伝えます。

「不便だから工夫をする」

「不便だからいろいろと考える」

ということを教えるのです。

もともと、子どもの頭はとても柔軟にできています。遊び道具がなければ、身の周りにあるものをおもちゃに変えるはずです。

そして、楽しい会話が生まれます。ゲームがなくても、テレビがなくても、楽しい生活を送ることは可能なのです。

こうした不便なくらしをぜひ体験してみてください。そして、「昔はこうだったんだよ」「これはこのように使われていたんだよ」と、子どもが興味を持ちそうな話をしてあげましょう。

「なぜ」「どうして」を大切に

何かをする時、「ただする」のと、「なぜするのか」「どうしてするのか」を考えてするのとでは、どちらが伸びると思いますか。

後者であることは、すぐにわかると思います。

ですが、皆さんは「なぜ行うか」を考えてから行動しているでしょうか。そうでないのなら、実にもったいないと思いませんか。

「なぜ」「どうして」は、行動する時の動機であり根拠です。それを考えてから行動することで、一つひとつの行動の意味が違ってきます。

常に考えて行動するということは、行動の根拠をしっかりと理解し、その方法を確認するということです。

こうした形で保護者が行動していると、子どもの物事に対する価値観も少しずつ出来上がってきます。それが、これから先の子どもの行動を左右することになります。

我が子にも、「なぜ」「どうして」という問いかけは、何度もしました。

そして、その答えに対して、「なぜそうなの？」「どうしてそうなの？」と同じ質問を返していました。

また、「こうなったらどうする？」と、子どもの答えに対して反対のことを問いかけてみたりもしました。

そして、「なぜ」「どうして」の答えがないと、戸惑う子どもに、「はい、やり直し」と笑顔で伝えます。

問いかけの答えは、子どもに合わせたレベルで構いません。考えさせるということが重要なのです。こうした会話は、ゲーム感覚で行わないと、子どもを問いつめるだけになってしまいますし、長続きもしません。

続けることで、子どもなりの判断基準ができてきます。実際、そう思えたら、少しずつ考えの幅を広げてに会話をするようにしました。

「こうしなさい」と強く言えば、ある程度できるようになるので、子どもなりの判断基準が身に付いたと感じるかもしれません。しかし、言ったことはできたとしても、ほかのことには発展していきません。

時間がかかるかもしれませんが、じっくり焦らず取り組んでください。

子どもは、思考がとても柔軟です。大人が考えもつかなかったようなアイデアが出たりもします。そんな時は、大いに子どもを褒めてあげましょう。

人を大切に、ものを大切に

人を大切にするのは当然のことです。同様にものも大切にしなければなりません。子どもがふだん使っているすべてのものは、保護者が働いて得たお金で買ったものです。ほかの人からいただいたものでも、その方が購入したものであり、保護者の人間関係のおかげでもらえたものです。

現代は消費社会と言われ、壊れたものを修理して使用することはあまり多くありません。

壊れたら新しいものを購入すればよいという時代なのです。

しかし、私はものを大切にしない人は人を大切にしないし、人を大切にしない人はものを大切にしないと思っています。

私たち夫婦は、子どもには、人ももものも大切にする人間に育ってほしいと思っているので、ものが壊れても、極力買い換えませんでした。買い換えるにしても、私たちが「ここまで大切にしたのなら充分だろう」と、納得できるものだけにしてきました。

また、壊れたものを捨てるにしても、きちんと掃除をしてきれいにしてから捨てさせました。これは、今まで使ってきたものに対する感謝の気持ちの表れです。

子どもの靴を買い換える時も、今まで履いていた靴はきちんと洗って、きれいにしてから捨てさせました。

そうすると、すぐに買い換えないので、子どもはものを大切に扱いますし、片付けもきちんとするようになります。ものを投げるなどということは論外で、出しっぱなしにしているものは、大切にしていないという気持ちの表れであり、ゴミと同じ扱いということです。

ものを出しっぱなしにしていて、誰かが踏んでケガをしたらどうするのか。そうしたことも、子どもにはしっかりと教えました。

買ってもらったものを雑に扱っているところを、それを買ってくれた人が見たらどう思うかも考えなさいということも同時に教えました。

同じことは食事にも言えます。

「作った人のことを考えなさい」と言うと、食べ残しが減りました。食べ残したものはすぐに捨てるのではなく、「今は食べられないけど、後で食べるから残しておいてください」と言って、次の食事の時に食べていました。

食事を作ってくれた人、食材を作ってくれた人、運んでくれた人のことも考えれば

そうなるのです
食事をするために多くの人が関わっていることを教え、アフリカでは食べものが足りず、餓死する子どもがいることも教えました。

「お前たちは、たまたまこの家に生まれてきたから、こうして当たり前のように食べられるけど、運命が違っていたら、アフリカに住んでいる親のもとに生まれたかもしれないんだよ」

という話をよくしました。

また、単に、片付けなさいと言うのではなく、買ってくれた人の気持ち、作ってくれた人の気持ちを考えなさいと教えたのです。

靴にしても、食事にしても、子どもが大きくなった今でも同じことを言い続けています。

ものを買うためにはお金が必要です。そのお金はどうやって得ているのか。大変な思いをして買ったものを雑に扱うということは、親を雑に扱うのも同じだと教えています。

親は誰のために一生懸命働いているのでしょうか。働いている時の親の気持ちを伝えることで、子どもは人に対する感謝の気持ちと、ものを大切にする気持ちを自然に持つようになります。

お年寄りを敬うようにもなりました。

人生の先輩の気持ちを考えさせるように教えたからです。

世の中、さまざまなことが関連しているということを教えれば、子どもの「考えの幅」が広がります。

一番大切なことは、このような指導を実行するためには、まず、保護者が消費社会の考えから脱却する必要があります。それは、「ケチ」とは違います。価値観がしっかり定まっていれば、成長した時に活きたお金の使い方ができるのです。

そのことに本当にお金を使う意味があるのか。

買うものに金額以上の価値があるのか。

お金を使う時、「活きたお金の使い方」ができているのかをもう一度考えましょう。

これは、子どもだけでなく、大人に伝えたい考えでもあります。お金の使い方に規範意識のない大人が多くなってきていると感じています。

そして、ものを大切にする心を持てば、幸せを感じることが増えると思います。

何不自由なくの結果……

「壊れたらすぐに買い換えるのは子どものためです」

「子どものことを第一に考えています」

「子どものものが壊れても買い換えないのはケチだ。お金がないからだと思われたくない」

こうした言葉は、お金の有無を基準にしたり、自分がどう思われているかを中心に考えている人の発想です。

子どものためと思って、すぐに買い換える保護者は、ものわかりのいい保護者に見えるかもしれませんが、そのようなことを続けていると、子どもは新しいもの買ってもらえないことに、ストレスを感じるようになります。

それが当たり前になってしまうということです。

しかし、小学校に入れば、自分が最優先になることはありません。集団行動の中で、自分の思い通りにできることはほとんどないでしょう。そこでは、本当の意味での「子どものため」は何なのかを考える必要があります。

制約があるからこそ、工夫し、制約の理由が考えられるのかもしれません。

少し前の項目で、「活きた『○○』という話をしましたが、我が家ではこの「活きた『○○』」は、重要なキーワードです。ですから、ものを買い換える時には、それは「活きたお金の使い方なのか」ということが会話のテーマになってきます。

買い換える必要のあるものは買い換えるし、買い換える必要がないものは買い換えません。必要の有無もその基準の一つになります。

子どもを育てていくにあたり、「何不自由なく」ということは気にしていません。世の中に出た時にどのような考え、姿勢を持って臨むのかということの方が大切ですし、その点を重視して子育てをしました。

子どもだからではなく、一人の責任ある家族の一員としてどうすべきかということもよく話をしました。

子どもも子どもなりにさまざまな考えを持っていますし、話し合いを重ねれば考えも深まってきます。

物事を深く考える子どもになってほしいと願うのであれば、話し合うことが大切だということです。

我が家のお小遣い

我が家でも子どもには決まったお小遣いをあげていました。しかし、ほかの家庭に比べたら少なかったと思います。

それは、お金の大切さを知ってもらいたかったからです。お金が不自由なくあれば、好きな時に好きなものが買えますが、なければ買えません。

限りがあるお小遣いをどう使おうかという思案の中に、子どもなりの工夫が生まれます。

我が子ながら、よく考えたと思うのは、兄弟三人でお店に行き、みんなでお小遣いを出し合って好きなものを一つ買い、それを三人で分け合っていたことです。

そうした光景を見た後は、家族みんなで出かけます。家族で買いものに行き、好きなものを買わせていました。直接は言いませんでしたが、それが私たちからのご褒美のようなものでした。

そういったこととは別に、少ないお小遣いを多くするための方法として、決められたお手伝い以外のことをすると、一回につき一〇円を与えていました。

子どもですが、労働の対価としてです。

これはとてもよかったと思います。夏の日に喉が渇いていたので自販機でペットボトルの飲みものを買った時の話です。当時、一本一五〇円でした。子どもからすると、お手伝い一五回分に相当しますが、夏の暑い盛りです。飲みものはあっという間になくなってしまいます。

「あっ、もうない」

この言葉を聞いた時、子どもの中で、労働がいかに大変かを身をもって知ったのではないかと思いました。

「お金を稼ぐって大変でしょう。お父さんも、お母さんもそういう思いをしてお金を得ているんだよ」

そう話すと、子どもの親に対する見方が変わり、行動も変わります。

兄弟三人いれば三者三様。性格も違えば、お金の使い方も違います。しかし、我が子なりに感心したのは、「ケチ」な考えを持った子どもがいなかったことです。

自分のお小遣いで買ったのだから、自分のものという考えではありませんでした。ほかの兄弟が「ちょうだい」と言うと、普通に「いいよ」を言って分けていました。

しかも、「ちょうだい」を言わなかった兄弟に対しても、そして親にも「どうぞ」とすすめてくれました。

自分の分が少なくなっても変わりません。少なくなると、今度はほかの兄弟が買ってきて、お互いに分け合っていました。

この光景には、幸せを感じましたし、微笑ましくも感じました。

親として、こうした思いやりのある子どもに育てることができ、よかったと思いました。子どもにもそれぞれ、欲はあると思います。しかし、一人より、みんなで分け合った方が、大きな喜びを得られることを子どもは感じているのです。

このお小遣い制度は、思わぬ効果を子どもにもたらしました。

まず、お小遣い欲しさに、いろいろなお手伝いを探したことで、気が利くようになりました。

何をしたらよいのか、何をしたら相手が喜ぶのかを感じる力が付いたのです。

行動も能動的になりました。

また、お金の大切さもさることながら、相手にしてあげることの喜びがわかるようになりましたし、「してもらったらしてあげる」という、互恵の関係を自然と理解したのです。この行為は、大きくなった今、さまざまなことによい影響を及ぼしています。

長男が大学生になった時、はじめてアルバイトを経験しました。彼からすればアルバイトで得た給与は、今までにない大きな金額だったと思います。

ある時、弟二人に「出かけるぞ」と声をかけ、お昼に三人で出かけていきました。

戻ってきた時の弟たちは、見たこともないような至福感に包まれていたのです。

「お兄ちゃんにラーメンをご馳走になった。すごく美味しかった」

とうれしそうに言う二人。一杯八〇〇円ちょっとのラーメンですが、弟たちからすると、そんなラーメンが特別な一杯になったのです。

私と外食する時の方がもっと高いものを食べているのですが、二人にとって、長男のラーメンに勝るご馳走はありません。

この時の長男のお金の使い方はすばらしかったと思います。

社会人になった今でも、長男の食事会は続いています。しかも、時々ランクアップしているようです。

弟たちは弟たちで、自分たちができることを兄にしているようです。

この関係は、日常生活の相談などにもつながっているようです。

兄弟を思いやることのできる関係を築けてよかったと思いますし、親としてこうした関係を望んでいたので、私は今、幸せな気持ちです。

第二章
親子のルール

我が家の約束① 返事は「はい」

前著でも触れましたが、私と子どもとの間には「四十一」の五つの約束があり、この約束を破ると「恐竜」よりも怖い私が現れます。

約束の一番目は、「返事は『はい』」です。

この約束は、基本中の基本であり、特別なルールではありません。

少し前から、模擬試験をしている時に、返事ができない子どもが多くなっていることが気になっていました。最近ではさらに増えていると思います。

何か言われたら、名前を呼ばれたら、まずは返事をすることは基本のはずです。

どうして返事をしないのでしょう。

社会に出た時、上司から呼ばれて返事ができないとどう思われるでしょうか。

まだ子どもだから仕方ないと考えているのは危険です。幼児期に返事ができない子どもは、成長してもなかなか返事ができるようにはなりません。

何事も幼い頃から始め、身に付けさせるのがよいでしょう。

子どもを呼んでも返事がなかった時、返事をしても聞こえない時、私は「アゲイン」

と言います。「アゲイン」というのは、ラグビーをしている方ならわかると思いますが、レフリーが「やり直し」を指示する時の言葉です。

できなかったら、やり直しの連続になります。

その場で何がいけなかったのかを注意されればまだ楽でしょうが、それも言われず、だめなら何度もやり直しですから、たまったものではありません。

どうしてやり直しなのかを聞いてくることもありますが、どうして自分ができていないのに、聞いてくるのか。それは違うだろうと逆にお説教をされてしまいます。ヤブヘビです。結局は、子どもなりに自分で考えることになります。

とにかく、返事は、社会に出た時に大切なことです。そのタイミングは、不意に訪れることが多いので、日頃からきちんとした返事をしていないと、よい返事はできません。気持ちのよい返事は、良好な人間関係を構築する第一歩と考えれば、あらためよう思いませんか。

家族同士、気持ちのよい返事をしてはいかがでしょうか。

我が家の約束②　目を見て話をする

私と子どもの約束は、人としてどうあるべきかはもちろん、大人になった時に必要なことを学んでもらうためのもので、「目を見て話をする」という約束もこの基準で定められたものです。

最近は、社会人になっても、人の目を見て話ができない人が多すぎます。特にミスをした時などは、たいていの人が下を向いて目を見ないのです。

「目は口ほどにものを言う」ということかもしれません。

ところで、子どもは嘘をつきます。

嘘をついているかどうかは、目を見ればおおよそわかりますが、子どもの場合はあからさまです。

我が家でも子どもの話を聞く時には目を見ます。

子どもには、人と話をするのに、目を見ずに会話をするのは失礼であるということを教え、視線を合わせようとしなければ、子どもが話をしている最中でも、私は横を向いてしまいます。

「ちゃんと聞いてる？」と言われても横を向いたまま、「聞いてるよ」です。その後、子どもに説明をします。目を合わせないということは、相手も、あなたが感じたのと同じような気持ちになると教えます。

目を見て話をするのは、自分の意思をはっきりと相手に伝えるためでもあります。もし、仕事でミスをされた時も、目を見てしっかりと謝罪されれば誠意を感じるものです。下を向いてモジモジされるより、目を見てしっかりと謝罪された方が何倍も誠意を感じますよね。

会話をする時、相手の目を見て話をすることは基本なのです。この基本をしっかりと身に付けてほしくて、「我が家の約束」に入れました。

うちの子どももそうでしたが、これらの約束事の意味は、幼いうちは、よくわからないと思います。我が家の場合も、長男が就活から就職までの期間の中で、私との約束の意味がやっとわかったと話していました。

種を蒔いてから収穫するまでには長い時間がかかります。途中でやめてしまっては実は実りません。このように時間のかかることにもコツコツと取り組んでいきましょう。

これについても、保護者がお手本を示し続けることを忘れないでください。

我が家の約束③　嘘はつかない

これも人として大切なことです。

この言葉の背景には、嘘を見抜く親の力量も求められます。約束をしても子どもが本当のことを言っているのか、嘘を言っているのかを見抜けなければ、あまり意味はありません。

その上での話ですが、まず、子どもは大なり小なり嘘をつきます。嘘をつくものなのです。子どもに嘘をつくなと言っても無駄です。

ですから、大人の知恵を使って、嘘とつくなと言わずに、嘘をつけない環境を作れば、結果的に嘘はつけなくなります。気を付けるのは、冗談と嘘の区別を、保護者がきちんと付けることです。ユーモアもなしでは、子どもは息が詰まってしまいます。

「嘘はつかない」は、私は子どもとの約束の中で、特に重視しているものの一つです。

嘘をつけば、我が家には「恐竜」が現れます。

はじめてこの約束をした頃は、よく「恐竜」が出現したものですが、。恐竜とはもう対面したくないという本能が働くせいか、最近ではあまり現れなくなりました。

また、嘘をついたからといって、いきなり叱ることはありません。

例えば、兄弟ゲンカをした時、「お兄ちゃんが悪い」「違うよ、弟の方が先にやったんだよ」という告げ口合戦が繰り広げられます。よく見かける兄弟ゲンカです。

この時点では「どっちが嘘をついているか」と聞いたりはしません。相手を責めている二人に対して、「お父さんとの約束を言ってごらん」と言います。しばらくして、「普通に叱られるのと、メチャクチャ叱られるのと、どちらがいいか考えてきなさい」と子どもに言います。

すると、嘘をついている方は私の元を離れた瞬間に、「考えました。ぼくが嘘をついていました」と白状するのです。

嘘をついたことを白状するのは勇気の要ることであり、あらためたことはよいことですから、正直に言ったことを褒めます。

こうした環境を作れば、子どもの嘘は減るのです。

やがて「家族の間」では嘘はつかないという、子どもとの信頼関係が築かれ、私も子どもを信じられるようになりました。

二男が小学四年生の時、一歳年上の友だちに傘で頭を殴られ、一時的に片方の耳の聴力を失ったことがありましたが、入院治療して完治しました。

原因を究明すべく話し合いを重ねたのですが、お互いの子どもの言い分が違っていました。

退院後、子どもを交えて話し合いをした時、相手の子どもは青々と頭を丸めていました。親によって丸刈りにされ、反省の意を表したのですが、そこでも言い分が違います。

私が「うちの子と言っていることが違うんだけど、もしうちの子が間違えているのなら、おじさんは謝らなければならない。間違えたことを言ってるのかな」と問いかけると、目にいっぱいの涙を浮かべ、「ごめんなさい。ぼくが嘘をついていました」と謝ったのです。

どうして嘘をついていたのかをたずねたら、「(両親が) すごく怒るので、本当のことが言えなかった。そして、だんだん言い出せなくなった」と言ってくれたのです。

正直に話してくれたその子に対して、私は一つだけお願いをしました。それは、「今まで通り、うちの子と遊んでほしい」ということでした。

その後、親同士の話し合いになりましたが、私は「これがあなた方夫婦が子どもを追い込んだ結果です。お子さんは頭を丸めましたが、嘘をつかせる原因を作ったお二人はいかがしますか」と言い、その家を出ました。

自宅への帰り道、妻は私に「もっと強く言ってほしい」と不満そうでしたが、子どもは「お父さんは、ぼくが嘘をついていると思わなかったの？　もし嘘をついていたらどうした？」と聞きました。私は「お父さんはいつも嘘をつくなと言っているのだから、それを信じないでどうする？　もし、嘘をついていた時は育て方が悪かったお父さんのせいだからちゃんと謝るよ」と話しました。

子どもと約束をしたのなら、その約束を信じる覚悟も必要です。こうした親の姿勢は子どもも見ているものです。

大切なことは親としての覚悟、そして子どもとの関わりです。こうした、保護者の強い信念は、友だちのような親子関係には存在しません。

子どもには、厳しさだけではなく、その中には愛情がたくさん詰まっていることも伝えてあげてください。そうすることで、より親子の信頼関係は深まっていくでしょう。

我が家の約束④　弱い者いじめはしない

五つの約束の中で、重視しているもう一つがこの約束です。

「弱い者いじめはしない」

どのような理由があるにせよ、私は、いじめを絶対に許しません。子どもには、「力とは弱者を守るために使うもの。それが本当の力の使い方だ」と教えてきました。

本書にも書いた、「お母さんは弱い」という話と同じ意味合いのものです。

何を「弱い者」とするかについては、広く解釈をしました。

弱い者と言っても、子どもには抽象的で理解しにくいので、子どもでもわかるように、私はあえて力の差を見せつけることにしました。子どもは、力では私に絶対にかないません。それをわかった上で、子どもを力で押さえつけました。

もがく子ども、逃げようにも逃げることができない子ども、その状態をしばらく続けた後、「力で押さえつけられている気分はどうだ？　自分の力で何とかできるか？」と、言いました。

無理に決まっています。そして「これがいじめというものだ。いじめとはこのように、強い者が、弱い者を攻撃することなんだ。この力には人数のことも含まれるんだよ。多くの人が一人の人を攻撃するのもいじめだからね。やられる方は悔しいし、嫌だけどどうすることもできないんだよ」と教えました。

同時に、「弱い者を守るためのケンカはしてもいい。後でお父さんが謝りに行く」とも伝えました。もちろん、ケンカのルールは厳しく教えましたし、やりすぎることは逆にいじめをしていることにもなるとも言いました。

私は何度も頭を下げに行くことになりましたが、子どもは、それぞれに理解していたように感じます。

中でも二男は、ケンカではありませんでしたが、なかなかおもしろい行動を見せました。

幼稚園でサッカーをする時などに、ジャンケンをしてメンバーを取り合いますが、たいてい運動神経のよい子から指名されていきます。

しかし、二男はあまり運動神経のよくない友だちから指名しました。その理由をたずねると、「だって、残るとかわいそうでしょう。それに俺は○○くんが好きだからさぁ」と笑顔で答えました。

勝負には負けることが多いようでしたが、楽しさはその何倍にもなったようです。

我が家の約束⑤　自分に負けない

ここからは、五つ目として子どもと交わした約束を取り上げていきます。この約束は、その時の子どもの状態によって変えています。

「自分に負けない」は、今でも子どもに言い続けています。

と言っても、子どもが成長するにつれ、約束というよりも叱咤激励という意味合いが強くなっている感じがしていますが……。

「やりなさい」と言うとは、強制的な感じがしますが、「自分に負けない」と言うと、あくまでも主体は自分です。どうすればよいのかを自分で考えることで、精神の成長にもつながっていきます。

そもそも、この約束が加わったのは、「約束を守れるようにがんばる」「決められたお手伝いなどを継続する」といったことを「続けさせる」目的がありました。

子どもは、できることならお手伝いはしたくないし、サボりたいものです。その気持ちに打ち克つために、「自分に負けない」という約束を作りました。私からの励ましであり、子どもにとっては葛藤する自分の背中を押す言葉になるのです。

「約束」は、ほかの人とするだけではありません。「約束」したことで、逃げ出せない環境を作り、実行させる役割もあると考えています。そして、「約束」を守る（自分に打ち克つ）ことは、子どもにとって大きな自信になるはずです。

子どもが自分に負けそうだと感じても、約束を思い出せば、「やらなきゃ」と再認識できるのも、この約束のよいところです。

子どもが成長するにつれ、知識も知恵もついてきます。どうすればうまくサボれるだろう、どう言ったらごまかせるだろう、どうやれば横着できるだろうということばかり考えます。

そんな時に、笑顔で「自分に負けてないか」と言うだけで、「見破られてる」と思います。これも小さい頃から続けてきた成果だと思います。

さらにまた、凹んでいる時にこの言葉をかけられれば、自分が応援されている、力をもらえるといった励ましにもなるでしょう。

成長するにしたがって、この言葉が自分の行動基準になるのです。つまり、いつの日からか、「約束」が自分にとっての「戒めの言葉」になっています。

このような言葉があってもよいと思いませんか。

我が家の約束⑥　弱者には席を譲る

大人でもできていない人が多いことです。

目の前にお年寄りが立っていても、平然とスマホをいじっている人を最近よく見かけます。私はそんな光景が大嫌いです。

ですから、我が家では、電車やバスの中でお年寄り、怪我をした人、障害を持った人、妊婦さんなどを見かけたら席を譲る約束になっています。

そもそも、我が家の子どもは、電車やバスでは、ガラガラに空いている時以外は、座らないというルールです。

もし座っている時にお年寄りなどがいたら、すぐに席を譲る約束になっています。

では、親はどうか。父親は家族のために働いている、母親は家族のために家事をしていると言って、席が空いている時には、子どもより優先で座っていました。

しかし、約束は約束です。親だからといって、約束を破っていいわけではありません。席を必要としている人がいれば、誰よりも先に席を譲ります。

率先して約束を実行し、子どもにお手本を示すのも親の役目です。子どもには、私が寝ていてもお年寄りなどがいたらすぐに起こすように伝えていました。

困っている人に席を譲ることは当たり前のことですが、ただ知識として教えてもなかなか理解はできません。ですから、子どもに教えるなら現場を見ながらです。

「電車が急ブレーキをかけた時、自分の足で立っていられる人とそうでない人がいる。もし、急ブレーキがかかった時、○○はしっかり立っていられるかな」と質問します。子どもの答えを聞いた後、より具体的に、子どもにも想像できるように話します。

「○○は大丈夫だけど、お年寄りは転んでしまうかもしれないよね。赤ちゃんのいる人は、転んだらおなかの赤ちゃんが大変なことになってしまう。もし、自分の弟だったらどう思う」

ここまで説明すると、子どもにも理解できます。

後は、実践です。

混雑の具合にもよりますが、我が家では席を譲る人の範囲は、同じ車両内で目に入る範囲の人としています。少し離れていても声をかけに行かせます。

「この車両の中で困っている人はどの人だと思う」聞くと、子どもは一生懸命、車両内を探します。もし、困っているがいたら、「あの人に声をかけてきてあげて」と声をかけに行かせます。

どうして、即実践させるのか。

席を譲ると、譲られた人からお礼を言われます。お礼を言われて嫌な子どもはいません。席を譲られた人は感謝するでしょうし、お礼を言われた子どももうれしくなります。

小さなことかもしれませんが、みんなが幸せな気分になるのです。子どもなりに、「自分のしたことはよかったんだ」「言われたことってこういうことなんだ」と実感できるでしょう。

自分の行動を褒められると、「またしたい」と思う気持ちが強くなるので、「恥ずかしい」という気持ちが薄れます。

こうした体験を繰り返すことで、弱い者を守らなければいけないという意識が子どもの中に定着していきます。ですから、今では困っている人に自然と声をかけますし、車内でもあまり座りません。

席を譲った後には、自然と会話が始まります。

その時、席を譲ってもらった感謝の言葉を直接聞きます。

「自分たちから『席を譲ってください』とは言えないでしょう。かといって、周りの人は見て見ぬふりをしている。だからがんばって立っていようと思っていたのよ」

というような本音を聞くことで、子どもは自分たちがしたことの意味を実感します。席を譲られた人の気持ちを知ることで、相手の立場で考えることも学べます。

そして、こういった気配りは電車の中ばかりとは限りません。

「あの人は、電車で席を譲ってあげた人と同じだよ。きっと困っていると思うよ」と言葉がけをすることで、何をしてあげたらよいのかを考えるようになります。

一度経験しているので、自然と声をかけることもでき、積極的に行動することができるようになっているでしょう。

私は、講演などで、子どもに生活体験を積ませてくださいとよく言います。体験が子どもを大きく成長させてくれるからです。

ことわざでも、「百聞は一見にしかず」と言いますよね。

言葉だけの説明よりも、体験する方が理解度が高まるのは、子どもも同じです。できれば、よい体験をさせて多くのことが学べるようにしてください。

ぜひ、席を譲ることを、皆さんも実践してみてください。

我が家の約束⑦　お父さんとお母さんの言うことを聞く

この約束は親にとって便利です。子どもが幼い頃は素直な子どもに育つように、親の言うことを聞くようにと、純粋な成長を考えて使いました。

子どもが成長してからは、世の中には理不尽なこともあるということを教えるために使いました。結局は、親の言うことを聞かせるために都合よく使っている約束かもしれません。

この約束は「弱い者いじめはしない」などの約束に比べると、軽い印象があるかもしれませんが、生きていく上で必要なことを含んでいます。

そして、この約束は、「返事は『はい』」「目を見て話をする」の二つの約束とセットで子どもに伝えました。何か言われたら返事をしなければなりませんし、人が話している時に背中を向けて聞くのは失礼だからです。

社会に出ると、いつ声をかけられるかわかりません。突然、声をかけられても、声をかけた人の方を向いて話が聞けるようにしておき、声をかけられたら、まずは返事です。

マナーの基本です。

幼い頃からしっかりと実行していれば、大きくなってもその意識はなくなりません。繰り返せば、自然になり、「できた」というレベルにまで到達します。

もちろん、同じ約束でも成長とともに守るレベルも変わりますが、基本は変わりません。

ただ、親の都合によって「悪用」することが加わります。

それは子どももわかっているようで、「ズルいよ。この約束はいつまで守ればいいの。逃げられないじゃん」と言い返してきますが、顔は笑っています。私も、「お前たちを育てるのに苦労してきたんだから、これぐらい手伝えよ」と言い返します。親からこのように言われたら、従わざるを得ませんよね。

ただ、このようやりとりがあったとしても、手伝ってもらえば、「ありがとう、助かったよ」という感謝の言葉は忘れません。

家族だから、相手が子どもだからといって、これを欠いてはいけません。感謝の言葉は、きちんと相手に伝えてこそ感謝の言葉として成立します。

簡単なようですが、奥の深い約束だと思います。

我が家の約束⑧　言ったことは実行する

これまでの「我が家の約束」のタイトルを見ていただくとわかると思いますが、我が家での子どもとの約束は、大人から見ればどれも当たり前のことばかりです。しかし、大人にとって当たり前のことでも、子どもにとっては経験していないことの約束ばかりです。

ですから、約束したと言っても約束を守る責任や守ることによって自身のモラルが形作られることは知りようがありません。

「言ったことは実行する」は、「嘘をつかない」に続いてできた約束です。子どもは嘘をつかないためには「自分の言ったことを実行しなければならない」など考えることはできません。ですから、この二つを別々の約束としているのです。

この「言ったことは実行する」は、自分自身に負けないことや、相手に期待させることを言っておきながら、できなかったということがないようにするための約束です。「まだ子どもなのに」と言う人もいるでしょうが、では、子どもが何歳になれば言ってよいのでしょうか。

今までは何を言っても大丈夫だったのに、今日からは実行しなければだめという考え方の急な転換は、かえって子どもを混乱させてしまいます。

私は、この約束をしたからといって、すべてのことを絶対に実行しなければならないとは思っていません。問題が生じればその問題を解決するために、その都度話し合っていけばよいと思ってます。

ただ、その時、約束事があって話し合うのと、ないのとでは大きく違ってくるのではないでしょうか。「言ったことは実行する」ということを子どもに話しておくのはそのためです。

もちろん、言ったところで理解できません。そんな時には、こちらがあえて言ったこと実行せず、子どもに「言ったことが実行されない」と言わせるのです。

そうすると、「約束」が守られなかった人の気持ちがわかるので理解しやすくなるようです。

もちろん、その後は、約束をきちんと実行します。そうでないと大切な約束を破ることになりますから。

実行できなかった時ですか？　その時はきちんと謝ります。

我が家の約束⑨　自分で決めたことは続ける

本項は、主に習い事についての約束です。我が家では、子どものやりたいことに制約はしません。子どもがやりたいと言ったことには、協力する考えを持っています。

ただし、何をしたいのか、自分でじっくりと考えなさいとは言いました。

そろばん、水泳、サッカーなど、兄弟三人、さまざまな習い事に通っていました。

そして、この約束はある程度、成長した時のことを想定して取り組んできました。

成長すれば、やりたいことが増え、それまでの習い事が中途半端になったりします。そうしたことが大人になってからも影響するようでは困るからです。

世の中、自分の思い通りに進むことはまずありません。希望の会社に就職することができても、希望の部署に配属されるとは限りません。

そうした事態になった時にどうするかで、その人の評価は変わります。

苦しい時にがんばり、自分で道を切り開くことを習い事を通して学んでもらいたいと考えていました。そこで、努力すること覚え、ステップアップし、新しい視野が開けるという経験をしてほしいと思っていました。嫌だから、飽きたからやめるという安易な道を選択させないようにしました。

子どもにはこの約束を通して「忍耐力」を学んでほしいと思っていたのです。きっと、当時の子どもからすると鬼のように見えたかもしれません。

しかし、それぞれが成長し、若いながらも自分の人生を振り返った時、逃げ出さなくてよかったと思うことがあるようです。

努力が報われることも、身を持って知ることができたでしょう。

「自分で決めたことは続ける」の第一関門は毎朝のお手伝いでした。

起床後にラジオ体操をしていましたが、その後の家の掃除は、各自が候補の中から「自分で」選んでいました。ですから、「自分で決めたことは続ける」ことは自分との戦いでした。

この約束で、もう一つの副産物が身に付きました。それは「サボる知恵」です。どうやったら嫌なことから怒られずに、見つからずに逃げられるかという知恵です。

決してよいことではありませんが、見て見ぬふりをしました。そうした経験を通して、子どもが「忍耐力」や「知恵」を身に付けられるならそれでよいと考えたのです。

ちなみに、どこでサボっていたかは、しっかりとチェックしていましたよ。

我が家の約束⑩　自分のことは自分でする

子どもに対して、はじめからきちんとさせておかなければならないことがあります。本項の「自分のことは自分でする」は、その中でも大切なことの一つだと言えます。

幼稚園や保育園に行く時の支度は自分でさせていますか。ほかにも、着ていたものを自分でたたむ。脱いだ服を自分で洗濯カゴに入れる。使った食器を自分で下げる。こういったことは、案外、保護者がしてしまっていることが多いのではないでしょうか。

保護者が手伝っているうちは、いつまで経っても自分のことを自分でできるようにはなりません。

できるようになるまでは、保護者の我慢が必要となります。そこは我が子のために、グッとこらえてください。つい手助けをしてしまう方の多くは、子どものためと言いながらも、親の都合によることがほとんどです。

それが子どものためになるでしょうか。

我が家では、食事が終わると「ごちそうさまでした」と言って、自分で使った食器は自分で下げることになっています。「ごちそうさま」を言わなかった時は注意します。

しかし、食器を下げ忘れた時は、何も言いません。

食器をそのままの状態にしておき、次の食事の時に使用するのです。

朝食で卵かけごはんを食べて、食器を下げ忘れたとします。そうすると、夕食では黄色くカピカピの生卵がついた茶碗にごはんが盛られます。納豆を食べた時は最悪ですよね。

ただ、自分で食器を下げなかったのが悪いのですから、自業自得です。だからといってその食事を残すことは許しません。

こんな嫌な経験をすれば、食器を下げ忘れることはなくなります。

子育ては、保護者にとって、自分や子どもとの我慢比べという面があると思います。この我慢比べに負けることは、子どものためになりません。

負ける要因の一つは、純粋に根比べに負けて手を出してしまうことです。もう一つは、自分がだめな親と見られたくないために手を出してしてしまうことです。

後者の場合、子育てによい影響は与えません。

いざとなれば親がやってくれるという意識を持ってしまうと、修正するにはかなりの時間と根気が必要になります。

じっと見守ることの重要性を知ってください。

我が家の約束⑪　自分の使ったものは自分で片付ける

「自分で使ったものは自分で片付ける」ことは当然と言えば当然なのですが、なかなかできません。特におもちゃなどは、出しっぱなしということがよくありました。

「片付けなさい」と言ったところで、言う通りにはなりません。そこで生まれたのがこの約束です。

何かあると約束が増え、身に付くまで集中的に取り組むことになるので、子どもにとっては、約束はやっかいな存在だったと思います。

この約束は、かなり拡大解釈しました。子どもが使ったものはすべて該当することにしたので、「食べ終わった茶碗や箸などは流しまで持っていく」「脱いだ靴はきちんと揃える」も含まれます。

外食した時などは片付けることができないので、同じ食器をまとめて片付けやすくしてから席を立ちました。

この約束において気を付けなければならないのは、「自分の使ったもの」に固執してしまうと、自分の使ったもの「だけ」片付ければよいという考えに陥ってしまうことです。

ですから、自分のものだけを片付けようとしている姿を見ると、「気が付いたらほかの人のものも片付けてあげなさい。自分だけよければいいという狭い考えは持つな」と、注意していました。

家が狭いということもありますが、子どもの部屋は、勉強部屋と寝る部屋が別になっており、それぞれ三人で使用しています。共有していれば、使ったものを片付けないと、ほかの人に迷惑がかかります。

もし、片付けていなければ、「大切にしていないものだから、要らないものだと思って捨てるよ」と伝えておきました。

そしてある日、出しっぱなしになっていたものは、容赦なくゴミ袋の中に入れ、子どもには「ゴミの日に捨てる」と伝えて、車のトランクの中でこっそり保管しました。ここなら、一生懸命探しても絶対に見つかりません。そして、きちんと片付けができるようになったら返すようにしました。

時には、「我が家の恐竜」がもらってしまうこともありました。そうなった時は、子どもは何の文句も言えないので、本当にがっかりしていました。

感謝の気持ちを忘れない

人に感謝する。当たり前ですが、とても大切なことです。皆さんも感謝していますか。人に何かを頼まれた時、「してあげている」はあり得ません。何事も、「させてもらっている」という感謝の気持ちがあれば、それが単純作業だったとしても、その意味は全く違ってくると、子どもには教えました。

「何かを頼まれた時、嫌々するのと、喜んでするのとではどちらがいいだろう。もし、自分が何かを頼んだ時、不機嫌そうにしてもらうのと、笑顔でしてもらうのとでは、どちらが気持ちがいいかな」と言い、「頼まれた仕事をした時、一番大切なことは、その仕事をきちんとすることよりも、頼んだ人が喜んでくれる仕事をすることだ」と付け加えました。

たとえ一生懸命仕事をしても、仏頂面でしていたら、「こんな時に頼んで悪かった。別の時にすればよかった」と気を遣わせてしまいます。それは、本当の意味でのよい仕事ではありません。

頼む人は何らかの理由があって、その人にお願いしたのです。「『頼んでよかった』

というスッキリとした気持ちになれるように仕事をするのが、相手を思う心だ」と何度も何度も言いました。

お互いに感謝の気持ちを忘れなければ、よい関係を築くことができるのです。

保護者の皆さんは、子どもに感謝していますか。

私は二〇歳を超えている息子に対しても、「生まれてきてくれてありがとう。お父さんとお母さんの間に生まれてきてくれたから、私もたくさんの幸せとパワーをもらえているよ」とよく伝えています。

それは子どもが生まれてきてくれたから今の私があり、子どもに親として育てられているとも思っているからです。

それを思えば、嫌な気分も振り払うことができます。そして、感謝する心を持てば、謙虚になることもできます。大きな価値観を得ることにもつながります。

我が家の三男は、相手が謝ってきたら必ず許します。ある時、「相手が謝っても許せないことはないのか。すべて許せるのか」と聞いたことがあります。

すると、「許せないこともあるよ。でも、相手が謝ったんだから、それ以上、言うことはないでしょう。そのための謝罪なんだからさぁ。許してあげないとね」と、答えました。

私でもなかなかできないことです。

「どうしたらそういう考え、気持ちになれるのか」と聞いたところ、「お兄ちゃん（五歳上の長男）が、ぼくにそうしてくれたからだよ」と答えたのです。

そうですよね。いくら相手を責めても、自分は成長しません。むしろ嫌なことがあったら、反面教師として、「あのようになりたくないと認識させてくれたことに感謝しよう」と思えば、嫌なことが嫌ではなくなるだけでなく、成長にもつながります。

また、感謝は人にだけでなく植物や動物にだってできます。

気持ちがモヤモヤ、イライラしている時、大きなヒマワリが太陽の方を向いて道端に咲いているのを見つけると、何だか爽やかな気持ちになります。

そんなヒマワリを見て、「自分もヒマワリに負けないようにしっかりしなきゃ」「そして大きな花を咲かせるんだ」という気持ちになれた時は、ヒマワリに感謝できますよね。

そこまでいかなくても、気持ちが少しでも軽くなればよいのです。

ヒマワリに感謝をしても、ヒマワリはしゃべったり、感情を表したりはしません。

それでも感謝することはできるのです。

感謝する気持ちを常に持っていると、さまざまな人、もの、ことに自然と感謝できるようになります。そんな心を持った人は素敵だと思いませんか。

子どもですから、人以外のものにまで感謝の心を持つことはできないかもしれませんが、そんな心情があることを伝えることは大切だと思います。

まずは、家庭内でお互いに感謝し合う環境を作ってください。生活の基盤がしっかりしていないと、感謝の気持ちは身に付きません。身に付いてきたら、少しずつ、感謝の気持ちをを外側に、外側にと広げていけばよいのです。

難しく考えないでください。

やり方は簡単です。みんなで「ありがとう」集めをすればよいだけですから。

それについては、この後の項目をご覧ください。

言葉で伝えて、はじめて感謝

前項では、感謝の気持ちを忘れないことについて書きましたが、ここでは、その次のステップについて書いていきたいと思います。

別の項目でも触れたように、ただ思っただけでは相手には伝わりません。言葉に出して、相手に届いてはじめて感謝が相手に伝わるということを、子どもに教えなければなりません。

恥ずかしいなどと言ってもぞもぞしていたら、感謝は伝わりません。相手に察してくださいということでは、感謝の気持ちを伝えたことにはならないのです。

感謝の言葉を言われて嫌な人はいません。きっと、言われた人はうれしげな表情で対応してくれます。経験を積めば「ありがとう」を言うことに関する、照れもしだいに薄れてくるはずです。そして、もぞもぞする様子がなくなったら、そのことを褒めてあげれば自信にもなります。

こちらが恥ずかしいのも最初だけです。そんな時は、言葉に出して相手に感謝の気持ちを伝えることが、いかに相手をよい気持ちにさせるかを教えてあげるとよいでしょう。

保護者は、お礼や感謝の気持ちを伝える時に、子どもが恥ずかしがったりしていると、つい、そちらに意識が向いてしまいますが、目の前にはお礼を待っている人がいることを忘れないでください。

お礼を言おうとしている子どもがいるのに、立ち去る大人はまずいません。子どもが恥ずかしがっている間、その人の時間を奪っていることにもなるのです。

親は、そうしたことにも配慮しましょう。

子どもが時間をかけて感謝の言葉を言ったのなら、その後に「お時間を取らせて申し訳ございません。ありがとうございました」と感謝の言葉を添えればよいのです。

そして「お父さん（お母さん）も、あの人に感謝の言葉を伝えることができたよ」と、話をすればよいでしょう。

感謝を伝える気持ちを共有化すれば、家族がまとまるかもしれません。

難しいことではありません。できないことを意識するのではなく、できたことを探す意識を持てばよいのです。

笑顔でポジティブにいきましょう。

家庭内でのあいさつ

あいさつは人と関わる上で、一番最初に交わす言葉でもあります。人は第一印象が大切だとよく言われますが、その言葉からもあいさつの重要性がわかると思います。とは言うものの、いきなり他人に対してあいさつをしっかりしなさいと指導してもできるものではありません。何事も段階を追って取り組んでいく必要があります。

その最も基本となるあいさつが、「おはようございます」と「おやすみなさい」です。朝起きたら、「おはようございます」です。大人があいさつを返す時は、「おはよう」でも構いませんが、「おはよう」で終わらせるのではなく、「おはようございます」とていねいに言った方がよいでしょう。寝る時には、「おやすみなさい」とあいさつをしますが、保護者の前に来てしっかりとあいさつをする習慣を付けましょう。

「家族だからそこまでしなくても……」という方もいるでしょう。

その意見も否定はしません。しかし、あいさつは家族だけではなく、家族以外の人にもするものです。

きちんとしたあいさつを身に付けておけば、簡単にすることは後からいくらでものできます。ですが、その逆はできません。くせが付いてしまったら直すのが難しいのと同じで、最初に崩したあいさつを覚えてしまうと、肝心な時にふつうのあいさつができなくなってしまいます。

私も仕事柄、いろいろな人と面談することがありますが、ふだんしているあいさつかどうかはおおよそ見当がつきます。大人でもそうなので、子どもの場合、なおさら違いがはっきりとわかります。

単に朝と夜のあいさつをすればよいというのではなく、「あいさつ」の意味をしっかりと理解させるようにしましょう。

慣れてきたら、自然なあいさつができるようになりますし、笑顔も出てきます。ここまでできてはじめて「あいさつができる」ということになります。

私は、あいさつも重視しています。子どもができない時は、何度でもやり直しをさせましたし、それに付き合いました。

皆さんも、家庭内だからと「適当でいいよ」とは言わず、子どもにしっかりとしたあいさつを身に付けさせるようにしましょう。

家庭外でのあいさつ

家庭内でのあいさつがしっかりできるようになったら、今度は家庭外でのあいさつを練習しましょう。

もちろん、家庭内でのあいさつができるまでは、家庭外であいさつをしなくてもよいと言っているのではありません。当然、あいさつはしますが、あまり形を意識しなくてもよいということです。まだ基本ができていないのに、その先の段階に進んでしまっては子どもが混乱してしまいます。ですから、家族以外の人へのあいさつは、家庭内でのあいさつができるようになってから、きちんと取り組むようにしましょう。

まずは、あいさつの基本をしっかりと教えてあげてください。

大人でも多くの人がしているのが「ながらあいさつ」です。あいさつの言葉を言いながら頭を下げる行為なのですが、これはよくありません。

言葉を言い終えてから頭を下げるようにしましょう。

そのほかの注意点としては、

・目を見てあいさつをする。

・時間に応じたあいさつをする。
・何度も同じ人にあいさつをしない（「黙礼」を教えてあげてください）。
・はっきりと大きな声であいさつをする（相手に言葉が届かなければしていないのと同じです）。
・笑顔であいさつをする。

といったことです。

せっかく素敵なあいさつをしたのに、しかめっ面をしていたのでは台無しです。笑顔でのあいさつは重要なのです。

これについては、保護者の方はよくおわかりだと思います。体験談などを踏まえて話してあげるとよいでしょう。

この仕事をしていてよく経験することなのですが、「人に会ったらあいさつをしっかりとしなさい」とだけ教えられた子どもは、私に会うたびに何回でもあいさつをします。意味を教えず、ただ形だけ教えている証拠です。

皆さんも、あいさつについて、もう一度考えてみてください。

子どもの年齢が上がってきたら、あいさつは、年下の人からするということも教えてあげるとよいでしょう。

ごめんなさい

この言葉を言えない「親」が増えてきています。

学校や幼稚園、保育園などの教育現場で頭を悩ませている問題の一つです。

「ごめんなさい」と言うことに、何か問題でもあるのでしょうか。

とにかく、この言葉がタブーでもあるかのように口にできないのです。

謝罪のできない「親」の子どもは、「ごめんなさい」が言えません。家庭内で「ごめんなさい」が言えないのだから当然です。まず、保護者がお手本を示さなければ、子どもは謝ることの意味さえ理解できません。

外食の時、子どもがちょっとグズったので、保護者がなだめようと手を伸ばしたら、コップを倒してしまった。ありがちなことです。そのすぐ後に、「何でおとなしくしないの。水をこぼしちゃったでしょう」という保護者がいます。

そうではなく、「ごめんね。こぼしちゃったけど大丈夫?」が先ではないでしょうか。

子どもがグズったことが原因かもしれませんが、コップを倒したのは保護者です。にも関わらず、すべてを子どものせいにしてしまうのはどうなんでしょう。

わざとではないのですから、大事にすることもありませんし、店員さんを呼んで謝って、拭くものを借りればいいだけの話です。わざわざ、水をこぼしたことを子どものせいにする必要があるでしょうか。

これは、自分のせいではないという、周りに対するアピールしているのではないかと考えてしまいます。

ミスは誰でもするのだから、その時は素直に謝りましょう。

大切なことは、きちんと謝れる環境を作り、子どもが過ちを犯した時は、素直に「ごめんなさい」と言えるように育てることなのです。

大人になっても、言い訳ばかりする人がいますが、見苦しいと思いませんか。その人は、こんな保護者に育てられたのかもしれません。

お礼についてはしっかりと取り組んでいる家庭を見ますが、謝ることについて意識している家庭は、ずいぶん少ないでしょう。

たとえ意識していても、身に付いていなければできているとは言えません。悪いことをしたら素直に謝れるようにしておきましょう。

そして、相手が謝ってきたら、グズグズと引きずらない。これが大切なことだと思います。

子ども同士のトラブルは、絶対に起きます。我が子だけは関係ないと思わないでください。むしろ、全くトラブルのない子どもの方が心配です。

幼稚園や保育園には、性格も環境も考え方も違う人間が集まるので、トラブルが起こらないわけがありません。トラブルは起きて当然。起きた時にどうするのかが大切なのです。

謝ることや相手を許す寛容さは、相手の気持ちになれば自然と生まれてきます。そんな時に親が出しゃばったら、子どもはそうした気持ちを学ぶ機会を失ってしまうのです。

何かあった時、すぐに「ごめんね。大丈夫?」が言えていれば、大きな揉め事にならなかったのにということが、子どもの世界ではしばしばあります。

まずは、家族同士が「ごめんなさい」を言い合えるようにしましょう。

どこまですればよいのか。

反射的に「ごめんね」が出てくるまでです。

そうなれば自然に言えるようになります。

まずは、保護者同士で、「ごめんなさい」が言えるようにしましょう。

ありがとう

素敵な言葉ですよね。私は大好きです。

ですから、何かしてもらったら、素直に「ありがとう」と言います。

みなさんは「ありがとう」を言えていますか。言えているとしたら、一日に何回、言っているでしょう。

家族だからといって、何かをしてもらって当たり前ということはありません。逆に家族だからこそ「ありがとう」という感謝の言葉を伝え合うべきではないでしょうか。

「ありがとう」を言いすぎて問題になることはありません。

何かを取ってもらったら「ありがとう」。

ごはんをよそってくれたら「ありがとう」。

洗濯をしてくれて「ありがとう」。

生活の中には「ありがとう」を言う機会がたくさんあふれています。

家庭の中で、「ありがとう探し」をしてください。そして、誰が一番「ありがとう」を言えたか競争しましょう。

なぜそこまでと思うでしょうが、考えてみれば、家庭内でありがとうを自然に言えるのはごく普通のことです。

肝心なのは、家庭の外で実行できるかどうかです。

誰もが「ありがとう」を言われたらうれしいですよね。それも目を見て、笑顔で言われたら、心が明るくなります。

「ありがとう」は、人の心を変える力を持っています。

私は、お店に入って、店員さんに何かをしてもらったら必ず、「ありがとう」と言っています。

それを見習わせてということではありませんが、子どもにも、感謝の言葉を伝えさせました。

お水を持ってきてくれたら「ありがとうございます」。注文した後は「お願いします」。

「お金を払っているからいい」「相手はプロなんだから、サービスを提供するのが仕事」と言う方もいますが、私はお互いが気持ちよくなれれば、そちらの方がベターだと思っています。

店員さんも悪い気はしないはずです。店員さんが笑顔で対応してくれれば、客である自分たちも楽しくなります。

そして、「ありがとう」の一言が、その店員さんの気持ちを支える一言になるかもしれないのです。どんなことがその人の支えになるかはわかりません。

こうして、相手の心を明るくする力を持っている言葉を、自然と伝えることができたら素敵だと思いませんか。

そんな気持ちでいれば、その人の周りには自然と人が集まってきます。集まってきた人の気分はよくなります。その輪がどんどん広がっていくのです。

そして、自然とその人たちはあなたのために行動してくれるようになります。

「ありがとう」に代表される感謝の心を身に付けることは、子どもにとって大切な財産になるのです。

子どもの将来を見据え、感謝する心を持ち、相手に伝えることまでを一連のこととして学びましょう。思っていても言葉にして「ありがとう」と伝えなければ、言わないのと同じです。

感謝の言葉を伝えられない大人もかなりいます。

そのような場面に遭遇すると、悲しい気持ちになります。

たった一言ですが、されど一言です。

この素敵な言葉を大切にしてください。

第三章
子どもの自立

身内の死

そういったゲームが流行ったせいか、最近は子どもが簡単に「死」という言葉を口にします。私はこれにものすごく抵抗を感じています。そばにいる保護者は、そのことを何とも思わないのでしょうか。ふだんから「死んだ」を口にする子どもは、他人に対しても軽々しく「死ね」と言います。

命はそんなに軽いものではないはずですが、おそらく保護者も麻痺してしまっているのでしょう。そうした光景をかなり見てきました。

ですから、子どもにはそのようにはなってほしくないと思っていました。

小さな子どもが人と関わらずに、ゲーム画面とにらめっこばかりしていることはよくないと思っていたため、我が家では、ある程度成長するまでゲームは買い与えませんでした。それよりは人と関わり、人から多くのことを学び、さまざまな経験をしてほしかったのです。

そうした考えを持っていたせいか、我が家の子どもは周りの人に恵まれていました。

子どもが幼い頃は、お盆の時期に親戚が集まり、私の祖母を囲んで温泉に行ったりしていました。子どもにとって曾祖母は身近な存在だったのです。

そして、長男が九歳、二男が五歳、三男が四歳の時に、九三歳で他界しました。亡くなった祖母は、自分の体を使い、命とは何かを我が子に示し、伯母は自分の母の体を使い、命の大切さを教えてくれました。その時のことは子どもの心に強く残り、その後の成長に大きく影響したようです。

よく、身内の死はショックが大きいので、子どもを遠ざけた方がよいとおっしゃる人がいますが、私は逆の考えを持っています。身内の死こそ、子どもが死と向き合い、命の大切さを教える機会です。そして、故人に今までの感謝を伝えて送るべきと思っています。

私たちが、祖母と同居していた伯母の家に着くと程なくして、祖母が無言の帰宅をしました。戻ってきた祖母はまだ温かく、本当に寝ているような感じでした。

すると、伯母は集まっている身内の子どもを集め、祖母の体を触らせました。

「温かいでしょう。次にお婆ちゃんのおっぱいのところに耳を当ててごらん」と言って、子どもたちに自分とどこが違うのかを考えさせたのです。

時間の経過とともに祖母は冷たくなっていき、子どもたちはその変化を体験しました。死後硬直が始まり、子どもの力では動かすことができなくなると、子どもは祖母の死

れをしたのです。

葬儀が始まり、火葬される時を迎えると、「よく顔を見ておきなさい。もう見ることができなくなるよ。次に会う時は骨になって出てくるからね」と言って、最後のお別れをしたのです。

火葬が終わると、子どもの目の前には骨になった祖母が現れました。

葬儀は、子どもにとってのショックな出来事かもしれません。しかし、伯母は、「人が死ぬとは、こういうことだよ。悲しいだろう。みんなわかったか。人が死ぬと悲しむ人がいる。だから、人に向かって『死んじゃえ』などとは絶対に言ってはいけないよ。命はそんなに軽いものではないんだからね」と話をしてくれました。

もちろん、子どもの心にも大きな穴が開きましたが、亡くなったのは私の母の母です。子どもに、「みんな、お父さんやお母さんが死んでしまったらどんな気持ちになるか考えてみて」と言い、「一番悲しいのは、みんなのお婆ちゃんたちだよ。どうしてあげたらいいかみんなで考えよう」と話しました。

それを境に、子どもの「死」に対する感覚が変わったようです。その時の成長は大きく、年齢も違えば、理解度も違いますが、それぞれ何かを感じたと思います。

この時の経験は、その後の躾においても大きな意味を持つことになりました。

近所への配慮

私が現在住んでいる東京都練馬区に越してきたのは、祖母が亡くなる約一〇カ月前。残念なことに、祖母が新居に来ることはできませんでした。

近所には、子どもをかわいがってくれるお年寄りの夫婦が住んでいます。

住み始めた頃から子どもを気にかけてくださり、子どもも慕っていました。特に、旦那様を亡くしてからは、我が家の子どもたちとの関わりも、より多くなっていきました。

そうした生活を送る中での祖母の死は、子どもの心に大きな出来事として残りました。子どもに変化が見られたことの一つが、そのお婆ちゃんに対する接し方です。今まで以上に大切にするようになりました。

例えば、夕方にお婆ちゃんの姿を見つけると、買いものに行くのかと質問し、荷物を持って帰るのは大変だからといって、いっしょに買いものに行くこともしばしばありました。

どこかに出かければ、毎回、そのお婆ちゃんにお土産を買ってきました。ある時、どうしてそういうことをするのかを子どもに聞くと、「お婆ちゃんかわいいんだよ」という返事が返ってきたのです。予想外の答えです。

子どもの買ってくるお土産ですから、そう大したものではありませんが、お婆ちゃんはお土産を買ってきてくれたことがうれしく、いつも素敵な笑顔で接してくれるそうです。それがかわいいというのです。

お婆ちゃんにしてみれば、血のつながりのない近所の子どもが、自分のためにお土産を持ってきてくれることがうれしかったのだと思います。

まずは家族に配慮し、それを親族に広げ、近所の人（他人）に実践していけば、やがて、いろいろな人に気を使えるようになります。配慮するということは、このように段々とその範囲が広がっていくものなのです。

保護者は、子どもが一歩踏み出すきっかけを与えてあげることしかできません。もちろん、気を使うように言うことはできますが、それを言ってしまったら子どもは単なる操り人形です。それでは今までの学びも水の泡です。

保護者は我慢し、子どもの成長を温かく見守ることが求められます。子どもの失敗を微笑みながら温かく見守れるようになってほしいと願います。

雪かき

私が住んでいる東京都練馬区は、東京ですが、夏は暑くて、冬は寒いところです。寒い冬の朝などは、日陰で五センチくらいの霜柱ができることも珍しくはありません。そんな場所なので、都心よりも降雪が多くなります。

雪が降るのは年に数回。その中で雪かきを必要とする降雪は、年に一、二回程度ですが、雪かきの状況しだいで、翌日からの道路状況が大きく変わります。

また、住宅街なので建物の北側は陽が当たらず、雪がなかなか溶けません。

人の心理とはおもしろいもので、雪を集めたところをていねいに仕上げておくと、その場所に雪を捨てる人はいませんが、ただ集めただけの状態にしておくと、雪がどんどんそこに積まれていきます。結局私が、車を出すためには、再度、雪をどかさなければならなくなります。

昔、近所で遅れて雪かきをしたら、自宅前に雪を集める場所がないくらい雪を積まれたことがあり大変な思いをしました。

その経験から、今は、車の入出庫を考えて雪かきをしていることがわかるように、ていねいに雪かきをしています。

早く雪かきを終わらせるにはもう一つの理由があります。前の文章で、子どもが、近所のお年寄りにかわいがってもらっていると書きました。

お年寄りにとって雪かきは重労働です。ですから、子どもは、自分の家の雪かきが終わると、そのままお婆ちゃんの家の雪かきに向かいます。

お婆ちゃんの家は日当たりがよく、みんなが雪を捨てていく場所でもあります。ですから、最初にきちんとしないと、雪が溶けた水が家の前にたまり、お婆ちゃんが家から出るのも大変な状態になります。

子どもはそれを知っているので、ほかの人が捨て始める前に雪をかき、ほかの人が捨てるにしても、水はけを考慮した雪かきをしたことがわかるようにします。

大切なのは、お婆ちゃんに気付かれないように雪かきをすることです。

気付けば、お婆ちゃんは寒い外に出てきて作業を見守ります。もし、気付かれたとしても、外にいる時間が少なくてすむようにしなければなりません。

そこまでしなくてもと思われる方もいると思いますが、日頃お世話になっていることに対しての子どもの感謝の気持ちとして、また、お年寄りという弱者に対する思いやりとして行うのですが、やっている本人たちに大変という意識はありません。

もし、みなさんのご両親、祖父母が慣れない雪かきをしなければならないとなったら、ケガなどは心配しませんか。雪は滑りやすいですし、雪かきは重労働です。

そのような時、ご近所さんが代わりにしてくれたと知ったらどのような気持ちになるでしょう。きっとうれしいですよね。

してもらってうれしいことは、してあげると喜ばれるのではないでしょうか。

子どもが、このように考えるようになるまでに数年かかっています。雪かきの機会は年に一、二回しかないので、それくらいの時間がかかります。

雪かきをすることは覚えていますが、その後、水がたまることまでは覚えていません。そうなる前に私が「お婆ちゃんの家の前、雪は大丈夫か」と声をかけます。すると、誰かが見に行き「大変だ、水があふれている」となるのです。

その言葉を聞くと、スコップやシャベルを持って子どもが駆けつけて作業をします。

「どうしてこうなったんだろう」と投げかけ、「次にこうならないようにするにはどうすればいいだろう」と考えさせました。

そして、紆余曲折、試行錯誤しながらようやく、今の状況にたどり着くというわけです。

単に作業をさせるのではなく、作業を仕事に変えることで子どもの経験につなげていきます。そしてこの経験がもとになり、ほかのことへと応用できるようになるのです。相手のことを考える「思いやり」、作業をした後のことも考えて行う「想像力」、お婆ちゃんとの「人間関係の構築」など、経験を通して、子どもにとって大切なことを学べました。

そこには、「自分だけよければ」「自分さえよければ」いう発想はありません。

今でも雪かきを私といっしょに行っています。もちろん、妻にはさせません。ただ、妻は寒い中作業をする子どもを迎えるために、温かな飲みものを作って待っていてくれます。

子どもたちは、ここで感謝される喜びを知ります。そして、次は、誰かを迎える立場になった時に、その経験を活かしてどう迎えたら相手が喜ぶのかを考えるのです。

会話の大切さ

私は子どもとの会話を重視しています。子どもにはテレビゲームは買いませんでしたし、スマートフォンも高校生になってはじめて買い与えました。

どうしてその時期になって購入したのかというと、それ以前には、必要ではないと考えていたからです。家にはコードレス電話がありますし、公立中学校ですから友だちとはすぐに会える距離にいます。

ゲームにしても一人で画面と向き合って好きなことをすれば、楽しいかもしれませんが、世の中に出たら、ゲームが相手ではありません。

多くの場面で人と関わりを持ちます。その時に相手の気持ちを汲めない人間に育ってほしくなかったからです。

我が家では、トランプ、ボードゲームなどのアナログの遊びをしました。自然と会話が生まれ、思いやりも生まれます。

子どもの頃は、成長していくにしがたい、できることの差が大きくなります。凄いと思った兄の年齢になった時、兄はもっと凄いことができるようになっています。

こうした関係が、兄を尊敬し、弟をかわいがる心を育んでいきました。

この関係が成り立つまでには、弟は数多くの相談を兄にしました。こうした相談は、画面越しやメールではできなかったと思います。相手の目が、表情が、態度が伝わらないからです。

兄弟の間で、時にはぶつかり、時には涙したと思います。ケンカをすれば、兄が勝ちますが、負けた弟は肉体的な痛みと精神的な痛みを知り、勝った兄は、落ち込んで泣いている弟を見て、何てことをしたのかと自責の念に駆られます。

こうした状況を打破するために、兄弟は顔と顔をつき合わせて会話をします。会話を重ねることで、相手を知り、自分を伝えていきます。私は、このように、人と関わることでしか経験できないことをたくさん積み重ねてほしいと願っていました。

子どもが大きくなった今でも、我が家ではよく会話をします。子どもは子ども部屋を持っていますが、リビングにもよく集まっています。

食事の時に使用するテーブルがあるのですが、昔はとても大きいと感じていました。しかし、子どもが成長した今、家族五人が一同に会すると、「なんて小さいんだろう」「みんなが揃うと暑苦しいな」と笑っています。

兄弟で会話をする場所ですが、やはり一番多いのは子ども部屋です。その次が、バスルームなのです。

我が家では、人生に関わるような重要な話をする時は、二階の和室で行います（私が数々の失敗をした場所です）。子どもの考えを広げることや、子どもの悩みは、いっしょにお風呂に入りながら聞いています。

「聞いています」と書いたのは、今も続いていることだからです。

そうした話をする時でも、いつでも親が後ろにいるという安心感を与えることを心がけています。表面上は、怒って突き放すこともありますが、それでもちゃんと見守ってくれているという安心感は何らかの形で持たせるようにしています。

成長した今でも、兄弟はよくいっしょにいます。兄弟だけで食事に行ったり、お風呂に入りながら相談をしているようです。

子どもの友だちには、親とほとんど会話をしていないという人も多いようですが、寂しいことですよね。人生は約八十年ですが、子どもといっしょに暮らせるのは約二十年。四分の一しかいっしょにいることができないのです。

それなら、その二十年を有意義に過ごしたいと思いませんか。

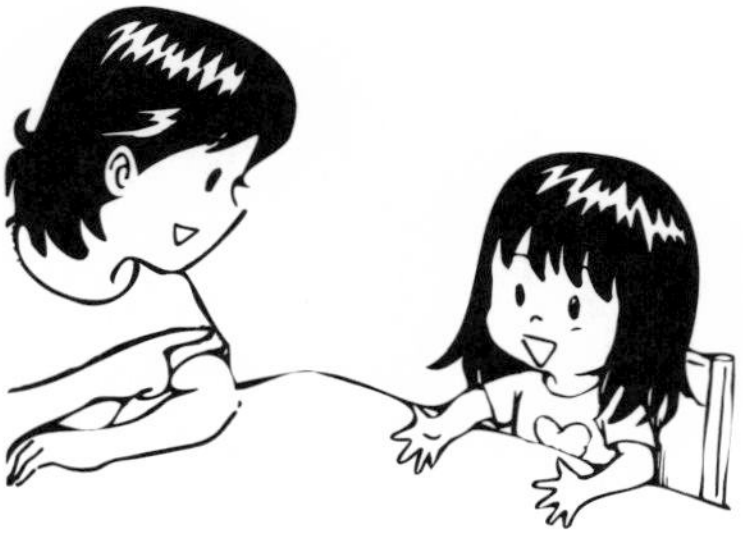

我が家の寝室

我が家の子ども部屋は、学習する部屋と寝る部屋に分かれています。一人ひとり子ども部屋を与えるのではなく、勉強部屋は机を置いて勉強をする部屋、寝る部屋は布団を敷いて寝るだけの部屋と分けています。

子どもが三人もいるということもありますが、阪神淡路大震災を経験された関西の先生方から、寝る部屋にはものを置かない方がよいという助言を受けたせいでもあります。

そして、勉強部屋は、あえていっしょにしたいという思いがありました。それは兄弟同士で勉強を教えたり、勉強している姿を見ることで自分もしなければという環境を作りたかったからです。

子ども同士のコミニュケーションの場を作りたかったということもあります。

実際、今でも兄弟同士の話し合いや相談は子ども部屋で行われているようです。

また、一人になりたい時は、兄弟で譲り合っているようですし、相手を思いやることも学んでほしいというねらいもありました。

和室を寝室にした理由は、道路に面している部屋なので、いざ逃げる時に外に出やすいということもありますが、私のねらいはほかにあります。

寝るのはベッドではなくあえて布団にしてあります。起床後、各人が自分が寝ていた布団をたたみます。この毎朝の布団をたたむ行為を習慣の一つとして位置付けました。ベッドの場合、布団をたたむ必要はありません。ですから、あえて布団にしたというわけです。

当時は布団をたたんだ後、ラジオ体操、朝の掃除、そして七時から朝食というのが日課でしたから、子どもは面倒だったと思います。

布団は、たたむだけでなく、寝る時には敷かなければなりません。みんな揃っている時もあれば、揃っていない時もあります。揃っていない時は、ほかの人の分も敷かなければなりません。また、季節の変わり目などは、掛け布団をどうするのかも考えなければなりません。

もし、自分の分だけを敷いて、ほかの人の分を敷かなかった時は、恐ろしい事態が待っています。

布団をたたむ、敷くことを通して、ほかの人のことを考えられるようになってほしいと思い、我が家では、布団で寝ることを選択したのです。

みんなでいっしょに寝る

前の文章で、子どもに布団を敷かせて寝ると書きましたが、親子四人、仲良く並んで寝ています。妻はというと、この暑苦しい中では眠ることができないと、一人別の部屋で寝ています。ですから、誰かが私の分も上げ下げをしなければなりません。

みんないっしょに寝ているのですが、同時に布団に入ると、今でも修学旅行の時のように賑やかです。話題はその時々で違いますが、真剣な話をしたり、ふざけたり、布団を取り合ったりしています。

子どもが大きくなってから思ったことですが、身体的接触が多いということは、子育てにとって本当によいことだとつくづく感じさせられます。

「百聞は一見にしかず」と言いますが、「百見は一触にしかず」の方が我が家ではより真実に近いと思います。「百見は一触にしかず」は、ふと思いついた造語ですが、なかなかいい感じがしています。触れ合いを多くすることで、相手の考えていること、相手の状況などを考える力が身に付きます。

躾は、大人から子どもにするだけではありません。兄弟間、友人間でもさまざまなことを学び合っています。ですから、人との関わりは大切なのです。その一番小さな単位が「家族」になります。せっかく家族といっしょにいるのに、ゲームと向きあっているだけなんて寂しいと思いませんか。

ゲームをしていても、ほかの人のことは感じられません。

さて、私は子どもと会話をする時に大切にしている場所があります。

躾や相談事は、子どもといっしょにお風呂に入りながらするのです。

子どもの夢、将来のことを話す時は、布団の中、寝る前が多いでしょうか。

夜は想像力が豊かになるので、いろいろなことが思い浮かんできます。未来のことについて、みんなで盛り上がったりもします。そして、夢の話をする時は、決して否定をしません。暗黙のルールです。

夢は楽しいもの。楽しい話で盛り上がれば、心穏やかに眠ることができますよね。

寝ている時ですが、私を筆頭にみんな寝相が悪いです。その寝相の悪さも、会話の材料になります。おなかを蹴られた。布団を取っていった。涼を求めて移動していたなど、笑い話ばかりです。

そんな状態ですから家族の距離感は近く、我ながらまとまった家族だと思っています。

不便のススメ

不便のススメ。これはぜひ実践していただきたいことです。こうすることで、子どもは、かなりの適応力を身に付けることができます。

生活はかなり便利になりました。掃除も機械が勝手にしてくれる時代です。このまま、機械が何でもしてくれたら、人間はどうなってしまうのでしょう。

さて、実際に教育現場を取材すると、さまざまな問題が生じています。

例えば、掃除。多くの学校では児童が自分たちの使った場所をきれいに掃除します。その時、箒を使うのですが、箒の使い方がわからない子どもがかなりいます。

使えたとしても、ゴミをまとめるのではなく、強く振り回し、散らかしてしまう子どももいるそうです。

全自動の機械で掃除するのは便利ですが、これから成長し、学んでいく場所を機械が掃除をしてくれるとは限りません。

また、掃除をするにしても、順番があります。高いところから低いところです。これを知らずに掃除をすれば、次から次へと床にゴミが落ちてくることになります。そうなれば、掃除はまたやり直しです。

やり直しが嫌なら、どうすればよいのかを考えます。ゴミが上から下に落ちてくるのなら、上から始めて、最後に床を掃除すればよいとわかります。

不便だから、考える力や知恵、工夫する力が身に付きます。

生活を便利にすればするほど、子どもをだめにしていることになります。

例えば、食洗機。スイッチ一つで食器洗いが終わるのですから、たしかに便利なものです。しかし、子どもに洗わせることで、食べ残すとどうなるのかを知ります。ごはんを食べる時、茶碗にこすりつけるようにすると、ごはん粒がこびりついて洗いにくくなります。洗った後、シンク周りの掃除をすることで、周囲への配慮が鍛えられるなどのメリットもあります。

また、洗剤が少なくなれば、買い置きはあるのかなどのことを考える、推測の力もついてきます。

お風呂にしても便利ですよね。スイッチ一つで、いつでもお風呂に入れます。ということは、自分の好きな時にお風呂に入れますし、お湯も使い放題です。使った後は、自動でお湯まで継ぎ足してくれます。

これでは、ほかの人に対する配慮は身に付きません。

そこで実践したのは、お風呂が沸いたら、全自動のスイッチを切るということでした。季節は冬です。「お風呂に入りなさい」という妻の合図とともに、全自動のスイッチが切られます。時間が経てば、お湯はぬるくなってしまいます。

先に入った人がお湯を無駄使いすれば、お湯が足りなくなります。当然、後から入った人に文句を言われます。こうしたことを一通り経験した後に、「後から入る人のことを考えて入ったか」と質問します。

この質問は、みんなが一通り経験してからでないと効果がありません。経験したからこそ実感できるのです。

後から入るのは自分の勝手ですから、お湯がぬるくなるのは自業自得です。

このような経験をすると、ぬるいお風呂に入るのは嫌なので、次からは早く入るようになりますし、お湯の使い方も考えるようになります。

ぬるいお風呂に入ることになった子どもは、知恵を使います。沸かすのがだめならシャワーを熱くして、足し湯をします。そこは、見て見ぬ振りをしてあげます。

このように、生活に不便を取り入れることで、子どもは工夫をするようになります。最初は大変でも、慣れてくれば何かが変わりますし、きっと、家族の中で会話が増えたことに気が付くのではないでしょうか。

昔も今も時間は同じ時を刻んでいます。

自分たちの親は、もっと苦労して育ててくれたのだろうと思います。

不便になれば保護者は忙しくなります。忙しくなればいちいち子どもに構っていられなくなります。今まで、細かく手や口を出していたことにも、目を瞑らなければなりません。

子育ては、きちんとすることも大切ですが、見過ごす、見守ることも大切であることを思い出してください。

忙しくなれば、見ることができない。それが見過ごすことです。

さぁ、今から不便をどんどん取り入れましょう。

その中で、言葉をうまく使ってください。「○○しなさい」という強制する言葉ではなく、「○○できているかな。これが終わったら見に行くよ」といった促す言葉で伝えてみてください。

お子さまのこれからを考え、過保護・過干渉は今のうちにやめておきましょう。

不便を通じて、子どもが自分で考える力を養ってください。

洗濯物をたたむ

洗濯物をたたむことを、お手伝いとして取り入れている家庭も多いと思います。はじめてのお手伝いとしては絶好の題材です。

ただ、お手伝いをさせる時に大切なことは、

・継続して取り組む。

・まかせて見守る。

という二つをしっかりと守ることです。

洗濯物をたたむお手伝いをさせた時にしてはいけないことは、「たたんでくれてありがとう」とお礼を言った矢先に、洗濯物を子どもの前でたたみ直すことです。

意外とやってしまいがちですが、お子さまのお手伝いに、だめ出しすることになります。意外と気が付いていない保護者が多いのではないでしょうか。

保護者は忙しいですから、つい手を出してしまうのだと思います。これからしまうものなので、きれいにたたむことを意識してしまいますが、はじめのうちは、お手伝いをすることが目的だということを思い出してください。

それが、継続すること、結果を求めることへとつながっていきます。

我が家でも洗濯物をたたむことはお手伝いの初期に取り入れたことです。時期的には、長男が年少の夏休みに始めました。年齢が年齢でしたから、上手にはできず、よく妻といっしょにやり直していました。

そうしたことがあったので、慣れてきてからも、つい手を出してしまうことがありました。そこで私たちは、少しずつですが、子どもが片付けたものに対して、すぐに直すのをやめ、直す必要があった場合は、子どもが寝てからやり直すようにしました。

入口のところで否定をしてしまっては継続は望めません。この時点でのお手伝いは、家事を助けるというよりも教育的な取り組みとしてのウェイトが高いので、どのような言葉がけをして継続させるかに苦心しました。

最初の頃は、子どもといっしょに楽しみながら行い、褒める時は、ピンポイントで褒めるようにしました。

例えば、私のTシャツをたたんだ時、「（裾の部分をさして）ここ、ピッタリ揃って上手。どうやったの」という感じです。

この、ピンポイントで褒める方法は効果がありました。そして、ただ褒めるのではなく、「どうやったの」と付け加えることで、もう一枚、たたむことになります。

その時は、子どもが先生ですから、子どもは褒めた一枚よりもていねいにたたみます。教え方がわかりやすいなど、さらに褒めてあげることもできます。

子どもを調子に乗せ、お手伝いが楽しい、ぼくはお手伝いが上手という意識を持たせることもできるのです。

ここまでくれば、嫌がらずに洗濯物をたたんでくれます。

しかし、子どものことですから、途中で飽きる時が来ます。そんな時は、役割分担をして作業に変化をつけるようしました。

子どもがたたんだ洗濯物を見て、「これ上手にたためてるね。きれいにたたんでくれていると気分が上がるよ。お母さんありがとう」と言います。すると「それ、わたしじゃないよ」「えっ、違うの」「○○がたたんだの」「そうなの？　ほかのよりきれいだったからてっきり……」「どうせ、わたしは○○より下手ですよ」

このような会話を子どもの前でするのです。もちろん、いることに気が付かないふりをして。こんな会話を耳にすれば、子どものテンションはもちろんアップしますよね。

「○○がたたんでくれたんだ。ありがとう。上手になったんで驚いたよ。今度はYシャツも頼むかな。お仕事で着る服だからちゃんとたたまないとだめだし、難しいぞ」と、ステップアップを図ります。

たたませはしますが、実際にそのまま着ることはできません。子どもが寝た後に、妻がアイロンをかけてくれていました。

我が家の子どもは三人兄弟ですから、弟たちにも洗濯物たたみのデビューがあります。たたみ方を教えるのは妻ではなく、もちろん長男です。

長男は、すでに上手になっており、たたんだ後に直すことがほとんどない状況でした。洗濯物をたたむお手伝いですが、長男が社会人になり、弟たちが大学生になった今でも続いています。昔のように三人揃って行うことは少なくなりましたが、家にいる人が進んで洗濯物をたたんでいます。

しかも、私がたたむよりはるかに早く、明らかに上手です。ですから、私がたたんだものは、子どもによって、すぐにたたみ直されてしまいます。

お風呂掃除をする

お風呂掃除も、お手伝いの初期に取り入れたものでした。

お手伝いを継続させるために、

・使命感を持たせる。

・喜びを覚えさせる。

というどちらかを意識させました。

はじめの頃は後者を中心にし、成長してからは前者を意識させました。

先の項目でも触れましたが、お手伝いで大切なことの一つに、継続させるということがあります。お風呂掃除も継続して行うことが重要です。

お風呂掃除の大変なところは、掃除をする場所が浴槽だけではないというところです。浴室全体が掃除の対象なので、床なども掃除しなければなりません。

私は、浴室の掃除をお手伝いにすることについては大賛成です。

その理由として、浴室の掃除は四隅までしっかり目を配らなければいけません。四角いところを丸く掃除をすると、残されたところに汚れがたまります。そうならないように掃除をする必要があります。そして何より、浴室はほかの部屋ほど広くないということもおすすめのポイントです。

四隅の掃除について、最初のうちはその都度指摘してましたが、ある程度の期間を経過した後は、汚れがひどくなってから指摘するようにしました。

汚れてから掃除をするのは大変ですし、時間もかかります。お手伝いに時間がかかると子どもの遊ぶ時間が減ります。あえて、子どもには大変な思いをさせて、このような思いをしたくないなら、きちんと掃除をすればよいという無言のメッセージを送ったのです。

もちろんきちんと掃除をするというのは、子どもが一度でできるようになることではありません。何度も痛い思いをして、ようやくできるようになります。

「隅を意識する」といったことは、観察力を高めることでもあります。この力は、日常生活だけでなく、学習にもよい影響を及ぼします。

お手伝いは、そのことだけにとどまらず、そこから発展する足がかりにすることも可能です。

できないことに意識を集中するのではなく、これからどう導いていくのか、未来のことに意識を向けてください。

ゴミ出しをする

ゴミ出しのお手伝いは、次のステップとしておすすめです。

ゴミは地域によって回収方法が違います。それをまかせることは、記憶力、先を予想する力、片付け、習慣など、いろいろな力を付けることにつながります。

子どもにまかせた最初の頃は大変でした。「出し忘れた」「回収の時間が過ぎてしまった」など、さまざまなことがありましたが、手を出したりはしませんでした。

責任を持ってまかせたのですから、その後の対処も子どもに考えさせましたし、実際にやらせました。次の時に出せばいいやと思ったのでしょう、出し忘れたゴミを庭に置いておいたら、ネコに荒らされていたということもありました。

その時も、もちろん、すぐに掃除をさせます。夏は、放置しておくと臭くなります。そんな時でも、きちんと掃除をさせました。

こうした嫌なことを繰り返すと、こんな思いはしたくないから、今度はちゃんとゴミ出しをしようという気持ちになってきます。

ゴミ出しがお手伝いとしてよいところは、曜日によって回収物が違うことです。

何曜日には何を捨てられるのか、そのためにはいつ用意をすればよいのかなど、先のことを考えるようになります。

可燃、不燃、資源ゴミなどの分別もしなければなりません。

ネコやカラス対策として、ゴミの収集場所には網があります。捨てた時に、カラスやネコに荒らされないようにするにはどのようにかけたらよいのかも考えますし、自分が捨てたところではないところでも直させるようにしました。

配慮を身に付けさせるために、自分たちの住んでいる場所が汚くなったらどう思うか、ゴミを荒らされた後に掃除をするのと、荒らされずに掃除をするのとではどちらがよいかを考えさせました。家の近所には、我が家もそうですが、共働きの家庭が多く、ゴミの収集場所が家の前にあるご家庭も共働きです。

当番の人が夕方まで掃除できず、かつ網などが雑に置かれていたらどう思うか、それが自分の家の前ならどう感じるかと話をしました。

そして、どう行動すればよいかを考えさせました。

こうした、さまざまなことを教えることができたのがゴミ出しのお手伝いでした。

臭いなどもあり、嫌なお手伝いだったでしょう。親としては、だからこそ、やらせる意味があると思います。人の嫌がることを率先してできるようになるために。

目を瞑ることも大切

子育てをしていると、子どもをしっかり育てなければいけないという意識が強く働きすぎて、子どもの一挙手一投足まで気になり、できないことばかりが目に付いてしまうことがあります。

そんな状況を自分のこととして考えてみてください。そこまで監視されたらどう感じるでしょうか。ストレスがたまり、イライラしてしまいますよね。それは、子どもでも同じです。

子育ては、子どもをずっと観ていなければいけないわけではありません。実際、目の届かないことの方が多いのではないでしょうか。

何か失敗するたびに、いちいち指摘されていたら、子どももたまったものではありません。時には、失敗したことがわかっていても、あえて目を瞑ることも必要です。子どもは失敗をした時、すぐに「怒られる」と思うでしょう。そこであえて目を瞑って、どのように隠すのか、そっと見守ってみませんか。

隠そうとしているまさにその時、子どもは一生懸命知恵を働かせているのです。悲しいことにそれはうまくいかず、頭隠して尻隠さずの隠蔽工作が出来上がります。それを見て私は、「あれ、こうなっていたかなぁ」と聞こえるような独り言を残し、その場から立ち去ります。子どもが慌てて修正しても見て見ぬ振りで……。時には、こうしたお目こぼしも必要です。

その後、きちんと直せば、子どもは保護者にバレていることに気が付きます。気が付けばいいんです。そうすれば、次からはしなくなりますし、隠してもバレてしまうことがわかれば、隠そうともしなくなります。

こうして、自ら修正する経験は、指摘されて修正するよりも効果があります。

我が家でもよくありました。そんな時、「ここ、もっときちんとしておかないと、お父さんにバレちゃうよ」などと、妻は大きな独り言をよく言っていたそうです。

子どもにしたら、大変な事態です。「嘘はつかない」という約束があるのですから、バレるかバレないかは子どもにとっては一大事です。

あらかじめ妻から連絡をもらっているので、そんな時私は、触れるようで触れずに緊張感だけを子どもに与えるようにします。

子どもが時々、そうした経験を思い出して、心臓に悪い時間だったと笑いながら話してくれます。

自分は何で返せるか

ゴミ出しのお手伝いをさせ、ある程度自分でできるようになったと感じた時に、この課題を与えました。こうした問答は、子どもが大人になった今でも行っています。人は一人では生きていくことはできません。必ず、誰かと関わって生きています。

「自分のことは自分でするからいい」と言ったところで、自分で食事を作るにしても、その野菜は誰が作ったのか、収穫した野菜は誰が運んだのか、売ってくれたのは誰か、料理器具はどうかと考えると、直接的にも間接的にも、誰かと関わらなければ生きていけないことがわかります。

その関わった人のおかげで、食事をすることができるのです。

ですから、生活をする上において、自分に関わっている人に対して感謝の気持ちを持たなければなりません。

そこで、「自分は何ができるのか」と質問をします。最初に、考える範囲を広範囲にしてしまうと収拾がつかなくなります。ですから、「家族」という身近な単位にして考えさせます。

「何かをしてもらうだけでいいのだろうか」「お母さんが大変な時に黙って見ているか」「何かお手伝いをして助けるよね」と、話しかけ、自分は何ができるのかについて考える機会をたくさん持たせました。

考えても、子どもは最初はどうすればよいのかわかりません。ですから、その時が来たら「今、何ができるか考えてごらん」ときっかけを与えました。慣れてきたら、「お父さんは何をしたらいい」と質問をします。

もちろん、子どもの考えですから大人から見れば大したものではないのかもしれません。

しかし、考えることを続けていくことで、見えなかったものが見えるようになってきます。目に見えることだけでなく、それ以外のことについても考えられるようになっていくということなのです。

そのうちに、自分という存在を認識し、自分を生かすことを考えられるようになります。簡単に言えば、自分から今できるお手伝いを見つけ、実践できるようになるということです。

大げさに言えば、一つのことからつながりを見つけることで、より広い世界を見る力が身に付いたということです。

箸の持ち方

子育ての中で、食事に関するマナーは厳しくしました。

それは、大人になった時に食事のマナーが身に付いていないと本人が苦労するからです。

教える時も、ただ、厳しくするのではなく、どうして正しく持たないといけないのか、できていないとどうなるのかなど、具体的な話をしたり、悪い手本を見せたりしながら何度も繰り返し指導しました。子どもは、箸の持ち方に限らず、私がする話の内容を覚えてしまっていることでしょう。それくらい何度も何度も話したことです。

子どもの指導は、それくらい根気よく続けなければならないのです。

しかし、子どもが箸の持ち方について本当に理解できたのは、長男が就職してからのことです。ある時、長男が職場の人と食事をした時、上司から食べ方がきれいだと言われたと家族に話をしてくれました。

上司がみんなに対して、「たかが箸の持ち方と思うかもしれないが、添乗員としてお客様といっしょに食事をした時、変な食べ方でお客様に不快な思いをさせることになったらどうする。食事も行程の中の楽しみの一つだということを忘れないように」という話をされたそうです。

弟たちは、兄の経験を聞いたことで、ふだん言われていることの意味を再認識したようです。

私も仕事などでいろいろな人と食事をするので、食べ方のきたない人、箸の持ち方が変な人といっしょに食事をすると、せっかくの美味しい食事なのに残念な気分になることがあることを子どもに話してきましたが、兄の体験談の方が説得力があったということでしょう。

小学校の入学試験では、「豆つかみの試験が行われることがあります。

近年では、箸を正しく持てない子どもが多くなっており、入学後の食事の様子を見ていても、お茶碗やお椀をきちんと持つことができない児童が増えているということです。むしろ、きちんと持てる子どもの方が少ないのではないかとおっしゃる先生が多くいました。

実は、子どもだけでなく、保護者の中でも箸を正しく持てていない方が増えているということです。

保護者が箸をちゃんと持てないのに、子どもに指導ができるでしょうか。。躾、指導といっても、それをする側がきちんとできていなければ、子どもは正しく身に付けることはできません。

同様に、茶碗やお椀の持ち方はどうでしょう。

私は箸の持ち方と同時に、茶碗やお椀の持ち方も指導しました。

それまでは、手のひら全体を使ってお椀などを包むように持っていました。おそらく、同じような持ち方をしていたり、お椀の縁をつかむように持っている人もいるのではないでしょうか。

我が家の指導は、ちょっと変わっていたと思います。

持ち方を数通り示し、どの持ち方がきれいかを答えさせた後、どう持ったらよいかを子どもに考えさせました。

子どもがきれいな持ち方だと選んだのは、手のひらをしっかりと伸ばし、お椀を第一関節と第二関節の間あたりに載せ、親指は縁にかからないように軽く添える持ち方でした。

では、この持ち方を習得するために、どのようなやり方で取り組んだのでしょうか。

まず、お椀を持つ手の小指がおなか側に来るように手を向けます。その時、胸の少し下あたりで手のひらが上になるようにします。

次に、親指を除く四本の指をくっつけてまっすぐ伸ばした状態でセットします。

その状態のまま、先程述べた第一関節と第二関節の間あたりにお椀を載せます。

これでセット完了。そのまま食べます。

えっ、親指は？と思いますよね。使いません。

その状態のまま食事をさせます。この練習のよいところは、集中して食べないところぼしてしまうところです。こぼさないように食べるためには、きちんとした姿勢をとらなければいけません。そのため、食べる時の姿勢を注意しなくても、自然と正しい姿勢になるのです。

これがきちんとできるようになったら、親指を軽く添えさせますが、縁は口に触れる場所なので、口が触れないところに親指を軽く添えます。

このようにして修得をさせていきました。みなさんも、ぜひ試してみてください。

では、箸を取る時はどうします？

こうして、いろいろなことを関連付けて教えていきました。

箸の取り方

先程、箸とお椀などの持ち方について触れましたが、我が家では、何かを指導して子どもが関心を持っている時に、ほかのことにも関連付けて指導するようにしました。

箸とお椀の持ち方に関しても例外ではありません。

どのようにして広げていったかを含めて、お話していきたいと思います。

何度も言っていますが、関心を持たなければ身に付きません。ですから、関心を持たせることが大切です。

先程の箸やお椀の持ち方を行うと、最初はなかなか上手くいきませんが、徐々にできるようになります。そのできた時が、まさに興味関心の最高潮です。

その時に、「箸はテーブルに置いてあるけど、どうやって取るのがいいかな」と投げかけます。

箸を取ってからお椀を取る、箸を後から取るなどいろいろありますが、どれも美しくありません。

所作ですから、スマートにできなければなりません。

そして、試行錯誤させた上でお手本を示します。

まず、お椀を両手で取ります。次にお椀を前項に書いた状態で持ちます。右手で箸を取るのですが、まず、上からかぶせるように箸を取ります。そのまま左手の方に持っていき、左手中指とほかの指の甲で箸を挟みます。

そして右手は箸に沿って滑らすように動かし、下から受けるように移動させます。

そうして箸を持つ体勢にしてから、箸を持ち左手から抜き取ります。

箸を置く時は、逆の動作をします。

この所作をなめらかにすることでスマートに見えます。

これだけのことなのですが、身に付けることで自分が成長したように感じます。一つのことで自信が付けば、ほかのことにもよい影響を及ぼします。

この箸の取り方は、大人でもなかなかできていません。ちょっとした所作ですが、これができるだけでも相手に与える印象はかなり違うと思います。

そして、外食時に割り箸を使った時、「食べ終えたらどうする？」と質問します。箸に興味がわいている時に、箸に関連付けたことを教えていきます。

「袋に半分だけ割り箸を入れて、箸が入ってない先端部分を上に折り上げるんだよ」と教えます。これだけでも、かなり成長したように感じます。

茶碗やお椀の配置

ふだんの生活において意識しているでしょうか。

配膳は、小学校の入学試験にも出題されるほどの生活常識の基本です。

小学校の入試に出るということは、年長児が身に付けていなければならない知識ということです。

そう思えば、難しいことではありません。

大人ならどうしてその位置に配膳するのかを理解していなければなりませんが、子どもが配膳を覚える時は、形だけでもよいと思います。

毎日のお手伝いの中に、配膳を取り入れてみましょう。

我が家では、多くのことは、「なぜか」「どうしてか」を大切にしますが、配膳に関しては形から入り、経験を重ねることで「こういうこと」だと自然と身に付けさせていきました。意味などは後付けにしました。いつも論理から入ってばかりでは、子どもも疲れてしまいます。

箸の持ち方から始まった食事の躾ですが、興味を持たせることで関連付けたことをいろいろと教えていきました。

「箸の持ち方」から始め、「お椀の持ち方」につなげ、「箸の取り方」と発展させた後、「配膳」を学ばせていきました。

関連付けることばかりに目がいくと思いますが、内容についても、難しいことと簡単なことを織り交ぜることで、子どもが嫌がらないように気を配りました。

形から入り、成長とともに内容につなげていきます。

このやり方は、食事に限ったことではありません。ほかのことを教えるにしても同じような方法をよく用いました。

配膳は、最初は正しく置くことのみを意識させました。それがしっかりとできるようになってからは、ただ置くだけでなく、見た目なども意識させるようしました。

前著、『子育ては「親育」〜親子で育つ73のヒント〜』の中で、「環境」について触れましたが、これもその「環境」を意識して身に付けさせたことの一つです。

皆さんは、茶碗とお椀、どのような位置で配置するかはご存じですか。

一度、確認してみましょう。

ごはんは残さない

これは、私自身が、親や祖父母から厳しく言われてきたことです。

「残したらもったいない」「作ってくれた人のことを考えなさい」「ごはんが食べられない人がいる」と言われたことを思い出します。

そして気が付けば、我が子にも同じことを言っています。

「ごはんを作ってくれる人の気持ちを考えよう」と言っても、料理経験のない子どもにはピンときません。そんな時は、子どもに料理をさせて、それをわざと残しました。

「一生懸命作ったのに、もう要らないと残されたらどんな気持ちになった？」「その気持ちはみんな同じだよ」と話しました。子どもは「美味しい」と言って食べる私の姿を想像していたと思いますが、その予想に反し、お皿には作った料理が残っています。

すごくショックだったと思います。

「一生懸命作ったのに、美味しくないの？」と泣いてしまう子どももいました。

その気持ちが鮮明に残っている時に、「一生懸命作ったのに残されてショックだったでしょう。それは作っている人、みんな同じ気持ちだと思うよ。美味しいものを食べてもらおうと、一生懸命作ってくれたのに、残されたら嫌でしょう。そういう気持ちにさせないために、どうしたいいか考えようね」と、話しました。

「この話をするために、お父さんはわざと残して我慢していたんだ。話が終わったから食べる」と言って食べた後、おかわりをしました。

同時に、取り分ける時のことも教えました。

我が家の食事は大皿で出します。一人ひとりお皿に盛って出してはいません。これは、取り分けさせることで、取り分ける数、取り分ける順番、盛り方、残った大皿の状態などを経験させるためです。

盛る時の見た目も大切ですが、取り分けた後の大皿の見た目も大切です。こうして、ごはんを残さないことから始まり、食事全般へと広げるように躾を行いました。

ほかの項でも触れていますが、体験がないのに知識ばかり教え込んでも、子どもには伝わりません。伝わったとしても、その時ばかりで定着までは至らずに終わってしまいます。

ですから、まずは体験させ、その印象が強いうちに話をする方法をとりました。

しかし、すべてにおいてそうしているわけではありません。中には、体験できないこともたくさんあります。

ごはんを残さないことを知識から教えることもありました。

ただ、知識だけではなかなか定着しないので、テレビなどの映像を活用して子どもに教えました。

例えば、子どもが幼いと、飢えについて話をしてもわかりませんし、食材が手元に届くまでにどれくらいの人が関わってきたかなども想像がつきません。知識がないことに関して話をしても、ピンとはきませんでした。

例えば、アフリカ難民、飢餓のことについて放送している番組があったら、それを子どもに見せました。

見ても、子どもの心にはなかなか届きません。単に「かわいそう」と思う程度です。ですから、見た後に子どもを集めて、「さっきのテレビで、赤ちゃんがごはんを食べられずに死んでしまったと言ってたよね。どう思った」と聞きますが、「かわいそう」という表面的な言葉が返ってきます。

その後、「もし、あの場所に自分たちがいて、亡くなったのが兄弟だったらどう思う」と残酷な質問をします。テレビで放映していたことを自分に置き換えて考えさせました。

そうすることで、食べものに何の苦労もなく、好きなものを食べられることがいかに幸せなことかを実感させました。

何不自由なく食べられることへの感謝、作物を作る人への感謝、運んでくれている人への感謝など、順を追って話しました。

テレビで放映していた子どもの餓死を兄弟に置き換えさせることは、兄弟を失うことへの怖さとなり、今、こうして生きていることの幸福を実感することにつながっていきました。

そして、子どものことを考えて、美味しい料理を心を込めて毎食作ってくれる母親の愛情を知るのです。

そこで、「たくさんの人の関わりがあって、料理が食卓に並ぶことを考えたら、残すことがどういうことなのかわかるよね」と結びつけました。ちょっと酷なことかもしれませんが、子どもに兄弟の大切さ、助け合う心も同時に考えてほしかったのです。

こうしたことを繰り返すと、子どもはお互いに残すことを注意し合うようになりました。そして、残った時は、どうするのかを考えさせると、食べられる人が残ったものをもらい、無駄を出さないような工夫を始めました。

もちろん、その時は、依頼とお礼のあいさつも欠かさないように指導します。

テレビを見た日の夜は、兄弟三人ぴったりくっついて寝ていました。

魚の骨は自分で取る

秋になると、サンマが食卓を飾ることがあると思います。

皆さんの家庭では、魚の骨はどうしているでしょうか。「骨は親が取っている」という家庭も多いと思います。

もちろん、小さい頃はそうしてあげる必要もあると思います。

子どもが小さい頃は、私もまだ若かったです。そして、高校時代の部活の顧問の影響で、サンマを食べる時は頭と尻尾しか残りませんでした。

頭と尻尾を取り除くと、あとは、ムシャムシャとそのまますべて食べていました。

さすがにこの食べ方では、子どもにはよくありません。

ですから、魚を食べる時は、ちゃんと骨を残すようにしました。

そして、年長になると、魚の食べ方を教えていきました。もちろん、最初の頃はお世辞にもきれいな食べ方とは言えません。

先程触れたように、我が家では食べ残しはタブーです。ですから、魚については親のＯＫをもらうまで、ごちそうさまはできません。

はじめて魚を食べる時は、親の食べ方を見ながら、同じように食べさせます。

コツをつかむと、骨が簡単に取れたりします。それができた時は、自分が成長したような感じで胸を張って弟たちに自慢しています。

しかし、一回できたからといって、次も上手にできるとは限りません。そのように、自分のことは自分でさせました。うまくいかなくなると、なかなか手が出ません。しかも、時間が経つほど、骨は取りにくくなります。

こうした経験から、料理はいつ食べなければいけないかも自然と学びます。

最初の頃は、食べ慣れていないので、身が飛び散ることもありましたし、ぶつかって味噌汁をこぼしてしまうこともありました。その時に叱ることはしません。

わざとしたことではないので、「ごめんなさい」があれば叱る対象にはなりません。

ただ、どうしてそうなったのか、どうすればよかったのかはいっしょに考えます。

大人になって人前で食事をする時に、食べ方が汚かったらどう思うかを考えさせると、どうしなければいけないかは自然とわかります。

しかし、できるようになるためには練習が必要になります。

練習をする時は、骨の取りやすい魚を選ぶようにしました。

その成果もあり、小学校中学年の頃には、きれいに魚が食べられるようになりました。

おかずは大皿で

私は講演をする時に、食事の配膳について聞くことがあります。

おかずを、個別に一人ずつ盛りつけて出すか、大皿で出すかです。少し前までは、半々くらいでしたが、今は、一人ずつ盛りつける方が多くなってきているようです。

では、どちらがおすすめか。私は、後者を推奨しています。

以前、東京学芸大学附属大泉小学校副校長（当時）の山崎幸一先生を取材した時の話です。「食事の出し方一つをとっても、出し方によって子どもが得られるもの、体験は大きく変わる」という話がありました。

そのお話には説得力があり、我が家も大皿でよかったと胸を撫で下ろしたのを覚えています。

その話の中で、大皿で食事を出す時のメリットを話してくださいました。

・取り分けることによる数の理解。
・盛りつけ方や残されたお皿の状態など、ほかの人に対する配慮。
・食べていない人がいる場合、残しておく我慢。

といったことが身に付けられ、これらは人間力を向上させることにもつながるというお話でした。

大皿から取り分ける時、いくつずつ取り分ければよいかを考えることで、自然と数についての学習をしているのです。

盛りつけ方などは、ただよそったのでは見た目が悪く、美味しそうに盛りつけるのもマナーの一つであること。また、よそったお皿だけでなく、残ったお皿もきれいにして、ほかの人が気持ちよく取れるようにすることなども学べます。これらは、ほかの人に対する配慮の一つでもあります。

そして、我慢ですが、子どもは美味しいものはもっと食べたいという気持ちを強く持っています。もっと食べたいという欲と我慢との葛藤です。

しかし、個別に盛りつけて食卓に出すと、その時点で自分の分が切り取られている状態になるため、先程の経験ができないというお話でした。

最悪なのは、もっと食べたいと言う子どもに、「お母さんのをあげるね」と、食べさせてしまうケースだとも言っていました。

たかが食事、されど食事です。マナーだけでなく、こうした環境も子どもに大きな影響を与えるということを覚えておいてください。

配膳のマナー

先程は大まかに説明をしましたが、ここではもう少し具体的にお話しします。

何かする時は、必ず目的があります。この取り分けについても、もちろん目的があります。その目的は、単に取り分けるだけでなく、きれいに取り分けることが求められます。もし、自分が取り分けてもらった時に、グチャグチャだったら、美味しそうといって、喜んで食べるでしょうか。

食べものは、見た目も大切です。そういった、相手に対する配慮を持って行動することが求められます。

もちろん、子どもがすることなので、大人のようにスマートにはできませんが、子どもなりに、よりスマートにできるようにしたいと思います。

そして、取り分けたおかずは、誰から配膳していくでしょう。

こうしたことを家庭内でしっかりと行うことで、社会に出た時にスムーズに行えるようになります。

お客様にお茶を出すこともあるでしょう。その時に、出す順番を間違えると大変なことになりかねません。

ここで書いたことは、単に幼児として身に付けることではなく、成長した時に恥ずかしい思いをしないためにも、幼い頃からしっかりと身に付けておく必要があるということです。

これらを知識として修得するだけでなく、スムーズにできるようにしておかなければなりません。そのためにも、家庭内で実践していくことで、自然に振る舞えるようにしておきましょう。

成長に応じて、その内容は変化していきますが、まずは、身近な配膳から始めましょう。

今、お茶の配膳ができない大人が増えているのをご存じですか。

お盆から直接、お茶を出されることも珍しくありません。また、飲み口を持って茶托に載せる人もいます。こうしたことを、お客様の前でしても何とも思わないことに違和感を感じています。

幼児がここまで考える必要はありませんが、いずれ、教えておくべきことの一つです。

店員さんへのあいさつ

食事を作ってくれる人に対して感謝の気持ちを持つことは、親に限定したことではありません。

外食した時も同じです。作る人が親からお店の人になるだけで、自分たちのために食事を作ってくれることには違いはありません。

子どもには、「お店に行くと水が出てくるけど、これは当たり前のことではない。外国では、水もお金を払って買うものだ」と教えました。

「わざわざ」お前たちのために水を持ってきてくれる。

「わざわざ」水をグラスに注いでくれる。

頭に「わざわざ」をつけて話をしました。

夏の暑い日、お店に入ってすぐに冷たい水を出してもらったらどう思う。飲み干してしまった時、もっと欲しいと思っていたら、すぐに注いでくれたらどう思う。お店の人はほかにも仕事があるのに、お前たちのために「わざわざ」水を注ぎに来てくれるんだよ。しかも、店員さんはどんな表情をしている。怒っている人はいたかな。みんな笑顔だよね。そういう対応をしてもらったらどんな気持ちになるかな。

という話をしました。

そういう時、自分たちはどうしなければならないだろう。

「お礼を言う」という答えが返ってきます。

では、お礼はどうやって言うの。

「目を見て伝える」「笑顔で言う」など、意見がたくさん出てきます。

そんな時は、一つに限定するのではなく、「いいことを言ったね、今言ったことを全部してみたらどうかな、きっと店員さんも喜ぶよ」となるわけです。

そして、店員さんが次にテーブルに来た時、子どもが店員さんにお礼を言うと、店員さんからは素敵な笑顔のお返しをもらえます。

こうしたポジティブなスパイラルに子どもを乗せて実践させることもあります。

これは水に限ったことではありません。お店に行った時、何かをしてもらったら必ずお礼を言います。

何かしてもらったら必ずお礼をいうのは、基本的なコミュニケーションなのです。

店員さんへのお礼

前項は、サービスを提供してくれる店員さんについて触れましたが、食事が終わった後はどうすればよいのでしょう。

店員さんがテーブルに来てくれればお礼を言えますが、多くのお店では、食べ終えてお店を出る時に店員さんはいません。

いても、会計の時くらいのものです。

ですが、レジはお金をやりとりする場であり、子どものいるべき場所ではありません。私はお金のやりとりをする場所には子どもを近づけませんでした。

子どもは、まだお金をやりとりすべき年齢ではないからです。外食時に支払うお金は、幼い子どもが扱える金額ではありません。

では、食事の後に、子どもがどうやってお礼を言えばよいのか。

美味しいものを「わざわざ」自分たちのために作ってくれた。作りたての美味い料理を「わざわざ」急いで運んできてくれた。おかげで美味しい食事ができ、楽しい時間を過ごすことができたわけです。

子どもは、精算する前、レジにいる店員さんに、「ごちそうさまでした」とお礼を述べさせます（会計は、子どもがその場から離れてから行いました）。

ここまでして、「お礼」が終わります。

家庭で食事をした後は、作ってくれた人に感謝を込めて、「ごちそうさまでした」と言います。それと同じで、作ってくれた人にお礼を述べてからお店を後にするのが礼儀だと思い、子どもにも話をしてきました。

このあいさつは、子どもが大きくなった今でも続けています。長年続けているので、あいさつも自然にできています。

あいさつは、フォークやナイフを持ってきてくれた時、食事を持ってきてくれた時、食べ終えたお皿を下げてくれた時、自分たちに関わることをしてくれた時には必ず言うようにしています。

繰り返しになりますが、子どもに実践させる上で大切なことは、保護者が実践していることです。

指導する保護者があいさつをしないのに、子どもがするわけがありません。ですから、保護者がきちんとあいさつできるようになってから、こうした指導を始めてください。

電車やバスの中

乗車マナーについてはいろいろと思うところがあります。

中でも考えていただきたいのは、お年寄りがいるにもかかわらず、我先にと乗車して、我が子を座らせている方です。幼い子どもなら理解もできますが、幼稚園の年中以上の子どもの場合はどうだろうかと考えてしまいます。

ふだんお子さまは園で元気に走り回っていませんか。遊んでいる時間を考えると、立っていられないわけはないと思います。むしろ、お年寄りが立っていたら危険だと思います。

我が家には、いろいろなルールがありますが、その中の一つに「車内では座らない」というものがあります。座っていてもお年寄りや体の不自由な人がいたら席を譲ることになっています。

そして、席が一つ空いている時は私が座ります。でも、席を譲るべき人がいたら、率先して席を譲ります。それは、離れている場所にいても、子どもに呼びに行かせていました。

席を譲られた人がお礼を言うのは、当たり前ではありません。お礼を言うべきだとは思いますが、言わない人もいます。でも、お礼を言われなかったからといって怒ることはありません。

降りた後、子どもは「お礼も言わなかったよ」と言いますが、「言われなくてどんな思いになった」「だめだと思った」「そういう人になりたいか」「やだよ」「なら、そういう大人になりたくないと思ったらどうしなければならないか考えなさい」「いいことを気付かせてもらったね」という前向きな会話に変えていきました。

教えることよりも、気付く方が何倍も効果があります。気付きには自覚がともないます。自覚がともなえば、考えの幅が大きく広がります。席を譲ることだけでなく、車内での立ち方、荷物の持ち方などにも、考えの範囲を広げていくことができます。

そして、定着もしやすく、自信にもつながりやすいのです。

よいことだらけだと思いませんか。

こうした取り組みを始める前に、まずは、皆さんの乗車マナーがどうなのか確認してみましょう。例えば、お父さん、足を広げて座っていませんか。面接テストでもそうなってしまいますよ。

歩く時の基本

会社への通勤途中に幼稚園があります。

子どもを送迎する保護者をよく見かけるのですが、いろいろと考えさせられることがあります。

その幼稚園には、歩道に面した出入口があるのですが、その付近で井戸端会議をしている保護者をよく見かけます。

明らかに歩行者の通行の妨げになっているのですが、周りが見えていません。話に夢中になり、注意されても、謝罪することなく道を少し空けるだけです。しかも、通り過ぎたら元通り。その風景を子どもが見ています。

そして、気になるのは、子どもを車道側にして並んで歩いている保護者が多いことです。

ガードレールがあるから大丈夫だと思っているのでしょうが、もし、車が突っ込んできたらどうするのでしょう。

そうした保護者は、別の場所を歩く時もあまり気にしていないと思います。

なぜそう言うのかというと、ふだんから気にしていれば、黙っていても子どもは車道と反対側に移動して歩くからです。

それができていないということは、ふだんからそうしていないということなのです。

これは、基本中の基本であり、特別なことではないのですが、この基本ができていない人が多いと感じます。

なぜ子育てをしっかりとするのか。「三つ子の魂百まで」ということわざがある通り、幼い頃に身に付いたものはなかなかあらためられません。反対に、大人になってから基本を学ぼうとしても、なかなか定着しません。

基本ができていないまま保護者になると、もちろん、その子ども（皆さんからするとお孫さんになります）は、さらに基本を身に付けることが難しくなってしまいます。

今回は歩く時の基本と題して、道路を歩く時の位置を取り上げましたが、これに限らず、身の周りの基本をもう一度チェックしてみましょう。

その時、「なぜそうなのか」「どうしてそうなのか」といったところまで落とし込んで話をすると、子どもも興味を持ち、意識に残りやすくなります。

意識に残らないとその先にはつながらないので、しっかり取り組んでいきましょう。

脳死と臓器移植について

子どもの帝王学として、大切なことの一つに「自分自身をしっかり持つ」ということを子どもに伝えています。

少し重たい話になります。

我が家で女性は母親だけで、後の四人は男です。そして、女性は弱い立場であること、男性の力は、大切なもの、弱い女性を守るためにあると子どもに伝えてきました。その反対にあるのが私の死です。

人の死はいつ訪れるかわかりません。病気で亡くなる方、事故などで突然亡くなる方など死に方はさまざまです。

突然他界してしまえば、まだよいのですが、脳死になった時、その判断は残された人にとってかなりの苦痛をしいることになります。

その判断を弱い母親にはさせてはいけないと、常々、子どもに話をしています。

子どもには、もし、脳死になったら、「延命はしなくていい。迷うことなく臓器移植を願い出て、困っている人の役に立ててもらいたい」と言っています。

その時、出張や地方などで仕事をしている人は、急いで来る必要はないから、自分の仕事をきちんとしなさい。私のために中途半端な状態で帰ってくる必要はない。兄弟の中で一番最初に着いた人が、延命はしませんと告げること。ただし、近くにいて向かっている兄弟がいたら、その人の到着を待って告げること。

判断する人は心に大きな負担を背負うことになります。だから、母親にはその重荷を背負わせてはいけない。男であるお前たちが背負い、ほかの人が全力でサポートしてほしいと告げています。

そして、「私の体で使えるものはすべて使ってもらいなさい。救われる人がいて、その人の人生を明るくできるのであれば、この上ない幸せだ」と伝えてます。非常に辛いことを子どもには背負わせますが、それに耐えられる愛情を注いでいるつもりです。子どもが私の子どもでよかったと思えるように、これからも子育てに励まなければなりません。

親として、子どもには強い心を育み、他人に寄り添える人になってほしいと願っています。そのための最後の教えが、私の死ではないかと考えています。

ちなみに、我が家ではみんなが、臓器移植について前向きな考えを持っています。

あとがき～私の大好きな言葉～

他書でも紹介していますが、私の好きな言葉であり、人生のおいて、子育ての中で励みにしたり、大切にしてきた言葉を並べてみました。これは子どもに何度も伝えている言葉です。参考までに読んでみてください。読めば、心に伝わるものばかりなので、極力説明は省きます。皆さんの心に伝わったものを大切にしてください。

なせば成る　なさねば成らぬ　何事も　成らぬは人の　なさぬなりけり

（上杉鷹山の言葉）

今、最も励みにしている言葉であり、私を奮い立たせている言葉です。上杉鷹山公については、私の母が米沢出身ということもあり、以前より身近に思っていたのですが、現職に就任してからは、特別な存在、言葉となって、今の私を励ましてくれています。

特に、後半の「成らぬは人の～」からの部分が大好きで、まさにその通りだと思わされます。皆さんも、やればできます。できないのはあなたがしていないからなのです。

やってみせ、言って聞かせて、させてみせ、ほめてやらねば、人は動かじ。

話し合い、耳を傾け、承認し、任せてやらねば、人は育たず。
やっている、姿を感謝で見守って、信頼せねば、人は実らず。

（山本五十六の言葉）

一行目は知っている方も多いと思いますが、その後をご存じでしたか。よく、上司の心得として紹介されていますが、子育てにも当てはまり、親としてハッとさせられた言葉です。皆さんもハッとさせられませんか。

イライラした時、この言葉を思い出してください。子育てに迷った時、この言葉を思い出してください。心を落ち着かせてくれると思います。

優しい目　大きな耳　小さな口

（元プロ野球選手　高畠《たかばたけ》導宏《みちひろ》）

高畠さんは、選手としてはあまり活躍できませんでしたが、約三〇年にわたって、七つの球団で打撃コーチを務め、ダイエー（現ソフトバンク）時代は小久保裕紀、オリックス時代には田口壮、中日時代には山﨑武司、ロッテ時代にはサブローなどを指導してきました。二〇〇三年春、五十八歳で高校教師になりましたが、翌年の七月に膵臓癌で他界しました。

すごく優しい言葉でありつつ、子どもとの向き合い方の神髄を教えてくれる言葉です。

彼について書かれた本も読みましたが、子どもと向き合うことに、そんなに肩肘を張らなくていいんだ、子どもの目線に降りて、目の高さを合わせて話をすることの大切さを再認識させてくれました。また、子育ては教えることと同様に、見つめることの大切さをあらためて教えてくれた言葉です。いつも、この言葉を思い返すたびに、心が温かくなります。

Believe in myself and do my best ～己を信じ最善を尽くせ～

これは高校時代にラグビーをしていた時、何かの書物で目にした言葉で、それ以来、心に残っています。あえて英語で心に留めています。くじけそうになった時、落ち込んでいる時に自分への自信を取り戻させてくれる、自分を奮い立たせてくれる言葉です。子育てで迷った時など、よく思い浮かべていました。私からみなさんに贈る言葉です。

失敗は必ず起きる。後悔しないようにその瞬間を全力で

（早稲田大学ラグビー部元監督　益子俊志）

一九九八年夏、全早稲田ラグビー蹴球部のオーストラリア遠征に密着した『素敵にドキュメント』という番組で、当時キャプテンを務めていた益子さんが、試合前にロッカールームでチームメイトに語った言葉です。

試合中、予測不能なことが起きる。でも、迷っているうちに過ぎてしまう。同じ後悔をするなら、やらずに後悔をするのではなく、全力でやって後悔をしよう。失敗しても周りにはほかの選手がいて必ずサポートをしてくれるから、迷わずプレーしようと檄を飛ばしました。

こうして仕事をしていると、迷うことがあり、失敗もします。しかし、失敗を恐れてしないよりも、仲間を信じて何事も全力で取り組みたいと思っています。

近くして見難きは我が心なり

（弘法大師空海の言葉）

私の中で一番新しい大切な言葉です。自分が慢心した時に、戒めてくれる言葉です。人はよく見えるが、自分が見えない人が多い世の中。それではいけないよ。すべての人、ことに「感謝」できる心を持ちましょうと教えてくれます。鞄の中にはいつもこの言葉が入っています。

二〇二〇年四月二九日

日本学習図書 代表取締役社長

後藤 耕一朗

後藤 耕一朗（ごとう・こういちろう）

1970年生まれ　千葉県松戸市出身。
児童書の出版社を経て、1996年日本学習図書株式会社に入社。2012年から代表取締役社長。出版事業の経営の他にも、関西私立小学校展の企画や運営、東京私立小学校展の開催協力、関西最大の模擬テスト「小学校受験標準テスト」の企画と解説を担当。全国各地での講演活動のほか、私立小学校設立の協力、国立・私立小学校の入学試験への協力と指導、教員への研修、学校運営への協力などのコンサルタント活動も行っている。本書は『子どもの「できない」は親のせい？』『ズバリ解決！　お助けハンドブック 学習編』『ズバリ解決！　お助けハンドブック 生活編』『子育ては「親育」〜親子で育つ73のヒント〜』に続くシリーズ５冊目となる。

保護者のてびき⑤

子どもの帝王学

〜我が子に伝える63のメッセージ〜

2020年7月21日　初版第1刷発行
著　者　後藤 耕一朗
発行者　後藤 耕一朗
発行所　日本学習図書株式会社

印刷所　株式会社厚徳社
ISBN978-4-7761-1064-4